Una mirada desde Chiapas
A view from Chiapas
Apaloosa Estudio de Arquitectura

Primera edición, 2024
First edition, 2024

Ámsterdam 163 A
Hipódromo
Ciudad de México, 06100

ISBN: 978-607-8880-39-3

© Textos | *Texts*
Apaloosa Estudio de Arquitectura
Hans Kabsch Vela
Abraham Cota Paredes
Alejandro D'Acosta
Luis Armando Gómez Solórzano
Miquel Adrià

© Fotografía | *Photography*
Carlos Berdejo Mandrujano, excepto:
Jaime Navarro: pp. 51, 55, 147, 150, 152, 153
César Béjar: pp. 43, 47, 48, 49, 54, 56, 57

© Croquis | *Sketches*
Walter Aguilar

Dirección general | *Director*
Miquel Adrià

Dirección editorial | *Editorial Director*
Brenda Soto Suárez

Coordinación editorial | *Editorial Coordinator*
Fátima Cabrera Ruiz

Diseño | *Design*
Renata Flores Jiménez

Corrección de estilo | *Copy Editing*
Gwennhael Huesca Reyes

Traducción | *Translation*
Quentin Pope

Preprensa | *Prepress*
A. Andrés Monroy

arquine.com

Una mirada desde Chiapas
A view from Chiapas
Apaloosa Estudio de Arquitectura

Índice
Contents

Presentación

Miquel Adrià

Quizá sea la lucidez para entender la realidad de su momento lo que permitió a Armando Gómez Solórzano posicionarse y proyectarse desde Chiapas en el contexto mexicano de este siglo XXI. Las obras —doce casas, un pequeño hotel, unas oficinas, un pabellón y una capilla— que se publican en este libro dan cuenta de un trabajo realizado en los últimos diez años, con rigor y esmero, desde el conocimiento de la arquitectura doméstica vernácula hasta la empatía con los trazos de los autores que han trabajado en definir una arquitectura nacional con denominación de origen.

Apaloosa ha sabido construir y construirse, proyectar y proyectarse, sabiendo que lo que no se cuenta y publica quizá no llegue a existir. Con una paleta escasa de materiales y unos programas — casi siempre— residenciales procura encontrar cierta expresividad formal que no pasa desapercibida. En unos casos las losas de concreto y los muros de block dejarán que sea el aparejo del ladrillo que exhiba su materialidad; en otros serán las láminas de acero corten de la fachada del pabellón o la carpeta asfáltica de la capilla. La complejidad aparece en las secciones, con dobles alturas en las zonas de estar para mejorar el confort térmico, la luz cenital y la circulación del aire, o con algunas escaleras cilíndricas exteriores; mientras que las plantas se someten a la disciplina del programa de residencias pequeñas insertadas en lotes reducidos, a veces generando bloques paralelos que liberan patios y circulaciones entre ellos.

Apaloosa pertenece a la última —o penúltima— generación de arquitectos mexicanos que entiende la cautela como virtud y la mesura acomodada en el presente, cuya atemporalidad rechaza cualquier vínculo con el pasado o guiño futurista. En la senda de algunos despachos como los de Mauricio Rocha y Gabriela Carrillo, Productora, Ambrosi | Etchegaray, MMX o Manuel Cervantes, de la Ciudad de México, Macías Peredo de Guadalajara o S-AR de Monterrey, Apaloosa diseña con sensibilidad los signos de sus tiempos en clave local y responde al contexto y a las necesidades del mercado desde cierto pragmatismo.*

Desde su primera obra, la Casa Tadeo de 2016, ya generaron interés en los medios de arquitectura. Se trataba de una remodelación donde una celosía envolvente de tabique sobre un basamento de concreto dotaba de cierta privacidad y ambivalencia a una vivienda que se abre cenitalmente en su interior. Pero será en los proyectos menos dependientes del programa donde Apaloosa expresa su originalidad: la capilla abierta y el Pabellón del Agua. Con el primer lugar del concurso de este último y su sorprendente construcción sobre el Viaducto en la Ciudad de México, Apaloosa se pondría en el escenario nacional, a pesar del incierto destino del pabellón. Quizá sea por estas derivas más libres que Apaloosa ha conseguido perfilar su identidad, reflejada en este volumen entre estrategias formales, materiales locales y contexto.

* "Arquitecturas del sentido común", Miquel Adrià en *Casabella* 897, mayo 2019, página 28.

Presentation

Miquel Adrià

Perhaps Armando Gómez Solórzano's lucidity about the reality of his moment has been decisive in allowing him to develop projects in Chiapas as well as to make a name for himself outside the state, in the context of 21st-century Mexico. The works included in this book—twelve houses, a small hotel, some offices, a pavilion, and a chapel—reveal a painstakingly rigorous approach over the past ten years. Gómez Solórzano has not only understood domestic vernacular architecture but his work also reflects his knowledge of those architects who have helped define a Mexican architecture with a clearly identifiable denomination of origin.

Apaloosa has been successful both at building and building up the studio itself, developing projects and expanding its reach, knowing that narrative and publication can be necessary to bring something into existence. Using a select range of materials and almost always creating residential programs, the studio seeks a certain expressive quality that stands out. The material's quality is sometimes revealed in the joints between concrete slabs and cement block, in the façade's Corten steel sheets, or in the chapel's asphalt layer. Complexity emerges in the sections such as the double-height spaces in living areas that improve thermal comfort, the skylights and natural ventilation, and the cylindrical external staircases; the floor plans adhere to the discipline of the program of small residences built on modest-sized plots, sometimes producing parallel blocks that create courtyards and circulations between them.

*Apaloosa belongs to the last, or penultimate, generation of Mexican architects that see caution as a virtue, and comfortable restraint in the present, with a timelessness free of any ties to the past or futuristic gestures. Following in the footsteps of some studios—such as Mauricio Rocha and Gabriela Carrillo, Productora, Ambrosi | Etchegaray, MMX, or Manuel Cervantes, from Mexico City; Macías Peredo, from Guadalajara; or S-AR, from Monterrey—Apaloosa's designs show a sensitivity to the signs of its times in a local code, while also responding with a certain pragmatism to the context and needs of the market.**

Since its first project, Casa Tadeo (2016), Apaloosa gained recognition in the architecture world. This remodelling used concrete-block cladding as a lattice that gave a certain privacy and ambivalence to a residence that opens up skywards inside. But Apaloosa's less program-dependent projects are where its originality shines through: the studio became known within Mexico's architecture scene with its award-wining open chapel and remarkable water pavilion on the Viaducto thoroughfare in Mexico City, despite the latter's uncertain fate. Perhaps in these less constrained projects Apaloosa has been able to reveal its true identity, as reflected in this volume, between formal strategies, local materials, and context.

** "Arquitecturas del sentido común", Miquel Adrià in Casabella 897, May 2019, page 28.*

Disculpe, ¿tiene un minuto para hablar de Apaloosa?

Hans Kabsch Vela

La labor arquitectónica de Chiapas se conoce y se ha documentado poco en la historia de la arquitectura mexicana al tratarse de un estado apartado de los grandes centros de producción del país y con una geografía compleja. En su lugar se levantan prejuicios a los que contribuye la falta de un discurso y un respaldo documental adecuado emitido por los mismos creadores. Esto ha comenzado a cambiar con el advenimiento de nuevas tecnologías y herramientas de comunicación, y una generación de profesionales que entiende su aprovechamiento.

Apaloosa, oficina fundada por Luis Armando Gómez Solórzano, pertenece a esa generación y ha entendido mejor que ninguna la oportunidad que ofrecen las tecnologías para derribar ideas preconcebidas, por ejemplo, la necesidad de edificar arquitectura monumental o emigrar a las metrópolis para lograr cierto grado de visibilidad.

La Casa Tadeo es de escala modesta. Lejos de exhibir una elevada complejidad tecnológica o materiales fastuosos, dignifica el espacio sin demasiados artificios y muestra cómo lograr calidad espacial con elementos sencillos y de bajo costo. Con esa premisa básica, el proyecto atrajo una atención inédita, rompió barreras culturales y lingüísticas, y se convirtió en el más visitado en la plataforma ArchDaily en 2016. Apaloosa siguió por ese camino con Casa Retazo y retomó la nobleza del reuso con el proyecto Oficinas PP, que también le dio la oportunidad de salir del ámbito local y colaborar con creativos de otros estados.

La asociación con Giancarlo Reyes Olguín, del estudio Localista, es particularmente fructífero. Juntos proyectaron el Pabellón del Agua —ganador de un concurso convocado por Arquine, emplazado en una importante vialidad de la Ciudad de México—, Casa Salvador y Casa Coronado, esta última con Simetría Estudio de Arquitectura. Con afinidades en la elección de materiales asequibles, o de tecnologías de bajo costo, como el Domotej, estos proyectos parten de una fuerte lectura de lugar y del regionalismo pragmático basado en el trabajo transversal y colaborativo.

Por último, la construcción de un discurso congruente por medio de un amplio cuerpo de obra no puede disociarse de un uso eficaz de la arquitectura como portadora de mensajes comunicados en redes sociales como Facebook y en especial Instagram, que han cambiado el panorama de infinidad de disciplinas al desplazar los viejos esquemas de las editoriales especializadas y las bienales gremiales para dar a conocer el trabajo fuera de las capitales sin intermediarios y permitir la visibilidad y el acercamiento al quehacer arquitectónico. Profundizar en esa dirección es el futuro y sin duda Apaloosa va por buen camino.

Excuse me, do you have a minute to talk about Apaloosa?

Hans Kabsch Vela

Little is known about architectural practices in Chiapas, and few studies of Mexican architecture have focused on this geographically complex state that is isolated from the country's main production centers. Instead there are only prejudices, exacerbated by the lack of a discourse or proper documentation by the architects themselves. This situation is beginning to change thanks to new technologies and communication tools, and to a generation of professionals who know how to make the most of them.

Apaloosa, a studio founded by Luis Armando Gómez Solórzano, belongs to this generation and has understood better than most the opportunity offered by technology to challenge preconceived notions, such as the supposed need to build monumental structures or to migrate to the big cities to make a name for oneself.

Casa Tadeo is built on a modest scale. Rather than flaunting technological complexity or lavish materials, it dignifies space without excessive artifice, showing that high-quality spaces can be built using simple, low-cost elements. Based on this fundamental premise, the project received unprecedented attention, breaking down cultural and language barriers, and becoming the most visited project on the ArchDaily platform in 2016. Apaloosa continued in the same vein with Casa Retazo and rediscovered the nobility of reusing materials with Oficinas PP, which also gave the architects the opportunity to go further afield and collaborate with creatives from other states.

The association with Giancarlo Reyes Olguín, of the Localista studio, has been particularly rewarding. Together they designed the Pabellón del Agua built by a busy Mexico City thoroughfare (winner of an Arquine competition), as well as Casa Salvador and Casa Coronado, the latter in partnership with Simetría Estudio de Arquitectura. With affinities in the choice of affordable materials, or low-cost technologies such as Domotej, these projects were developed from a careful reading of the place and a pragmatic regionalism based on cross-cutting and collaborative teamwork.

To conclude, the development of a congruent discourse through a wide range of works cannot be separated from an effective use of architecture as a carrier of messages spread through social networks, especially Facebook and Instagram. These new channels have altered the complexion of countless disciplines, by replacing old systems of specialized publishers and trade-specific biennials to give visibility to projects outside capital cities without intermediaries, while at the same time offering a clearer understanding of architectural practice. This way is the future, and Apaloosa is certainly on the right track already.

Atmósferas evocadoras con estrategias eficaces

Abraham Cota Paredes

En mis años de práctica profesional, he tenido el privilegio de conocer colegas que ejecutan todo tipo de obras. Algunos construyen casas de grandes dimensiones en terrenos con vistas espectaculares a la ciudad, otros diseñan cabañas que más bien son casas de lujo, que sería difícil concebir con otros acabados por sus sistemas constructivos y arquitectura. Algunas obras destacan más por sus materiales y recubrimientos que por la eficiencia y la economía de sus espacios y soluciones. A veces me pregunto qué harían esos arquitectos si carecieran de clientes con recursos holgados, ¿serían capaces de crear obras cautivadoras como cuando parece no haber límites de presupuesto?

En ese momento volteamos a ver a Apaloosa por primera vez. Ese 2015 que cada vez se aleja más y comienza a convertirse en historia no marcó el inicio de la arquitectura mexicana contemporánea; sin embargo, fue un año mágico en el que se erigieron numerosas obras en todo el país con ideas que emocionaron a todos por la creatividad y la belleza en sus soluciones, detalles, colores y materiales, que no necesariamente eran mármoles o maderas finas.

La Casa Tadeo es un ejemplo: una vivienda en un terreno de 7 m de frente por 15 m de fondo, con 143 m^2 dedicados a hacer arquitectura, que ni siquiera tiene los muros aplanados. Se experimentó con conceptos, pero no por medio del lujo o el costo de los materiales, sino de su expresividad: el ladrillo se muestra con sus colores y texturas rústicas e intensas, y el cemento exhibe su color oscuro, quemado por la llana del albañil que lo aplicó por primera vez en un proyecto de arquitectura. La casa también juega con la sección al expandir el espacio en la doble altura de la sala para crear relaciones entre los niveles. El ladrillo da vida a un elemento que se convirtió en una característica distintiva: la celosía.

La Casa Tadeo puso en evidencia la estrategia que se desarrollaría en los años siguientes, es decir, el manejo eficaz de elementos tradicionales de la arquitectura mexicana: el patio articulador, la celosía, la relación con los jardines y el uso de materiales naturales, como la loseta de barro y el ladrillo, que generan una atmósfera evocadora de otra época con toques contemporáneos, como el acero y el concreto.

A lo largo de los años, hemos visto la evolución de la obra de Apaloosa, cuyos elementos constructivos han configurado un lenguaje definido en gran parte por las limitaciones en terrenos y presupuestos. Estas restricciones han llevado al estudio liderado por Luis Armando Gómez Solórzano a explorar posibilidades para resolver desafíos y sorprender a los habitantes con una arquitectura marcada por la creatividad en medio de la estrechez, arraigada en un lenguaje mexicano con una visión universal.

Evocative atmospheres with effective strategies

Abraham Cota Paredes

Over the course of my career, I have had the privilege of meeting fellow architects who produce all kinds of work. Some build large houses on lots with spectacular city views, others design "cabins" that are in fact luxury residences that would be hard to imagine with different finishes due to their construction systems and designs. Some works are more recognizable for their materials and finishes than for the efficiency and economy of their spaces and solutions. I sometimes wonder what these architects would do without deep-pocketed clients: Could they create such striking work even without unlimited budgets?

We first noticed Apaloosa back in 2015. That year, which is gradually receding in our memory to become a part of history, did not mark the beginning of contemporary Mexican architecture. However, it was during this magical year that several buildings were erected around Mexico to great acclaim for their creative and beautiful solutions, details, and colors, as well as materials that were not necessarily marble or exotic woods.

Casa Tadeo is a case in point: built on a plot 7 meters wide and 15 meters deep, with a building area of only 143 square meters, this house does not even have plastered walls. As a conceptual experiment, the building materials were chosen for the expressive qualities rather than any luxuriousness or expense: the brickwork is rustic and intense in color and texture, and the builders used trowel burn to create a darkened finish deliberately for the first time in an architectural project. This house makes creative use of sections by expanding the living area with a double-height room that creates relationships between the different levels. The brick brings to life a distinguishing feature of this project: the latticework brise-soleil.

This project is an example of the strategy developed by the studio over the following years. Casa Tadeo makes effective use of traditional elements of Mexican architecture: the courtyard that articulates the program, the brick lattice, the relationship with the gardens, and the use of natural materials such as clay tiles and brick, create the feeling of a different era, but with modern accents of steel and concrete.

Apaloosa's work has evolved over time. Its structural elements have created a language largely defined by the limitations imposed by small plot sizes and budgets. Those constraints have encouraged Luis Armando Gómez Solórzano's studio to explore ways to overcome challenges and surprise users with a creative architecture inspired by scarcity, rooted in a Mexican language with a universal vision.

Alquimistas chiapanecos
Chiapanecan alchemists

Alejandro D'Acosta

Somos lo que somos por el lugar del que venimos. Ahí comienza todo, no sólo la idea de identidad, eso determina nuestra existencia, es la esencia nuestro ser. Esta discusión sigue vigente desde tiempos inmemoriales. Si empezamos en el origen, si el punto de partida es el contexto del sitio, nos integraremos de forma racional al lugar.

La arquitectura de Apaloosa es como el lenguaje: la necesitamos para entender conceptos que, por medio de las emociones, se convierten en esquemas. Estos se desenvuelven en una idea materializada y construible, un método que nos ayuda a condensar la información de manera ordenada y científica, aunque los resultados de la arquitectura no lo son sean, pues pertenecen al mundo del realismo mágico.

El diseño comienza con la línea, pero antes pensamos en el trazo, permitimos que nuestro lugar hable, murmure, informe algunas cosas. Todo se desprende del murmullo: la forma, el espacio, la materia, incluso el capital y su desenvolvimiento. La línea se desplaza, se mueve sola con un conector de sabiduría que recoge el silencio con la mano del que traza. El arquitecto de Apaloosa diseña como un médium de su propio origen con la arquitectura como materia de un conocimiento que habita desde la unidad, la base de nuestra cultura: la casa. El saber ancestral siempre ha estado ahí y nos habla a través los materiales, las formas, la luz, lo que nos mueve desde el refugio sin que lo sepamos, día a día, lo que nos llama sin llamarnos.Cuando asumimos la idea de la vivienda como la base de todas las arquitecturas, educamos la mano. Siempre pensamos en lugares fuera de nuestro sitio y necesitamos aprender de nuestro contexto cultural construido, que siempre ha estado ahí, en la memoria colectiva, la más antigua.

Como alquimistas chiapanecos, Apaloosa indaga en los materiales y su semiótica, mezcla muros, celosías, columnas y estructuras en la búsqueda continua de la casa que narre el transcurso de lo local con un espíritu global y un resultado contemporáneo.

Where we come from defines who we are. That's where everything begins, not just the idea of identity, that determines our existence; it's the essence of our being. This is a time-honored discussion. If we start at the beginning, if the starting point is the site's context, we will rationally integrate ourselves with the place.

Apaloosa's architecture is like language: we need it to understand concepts that, through emotion, become plans. These plans evolve into a materialized idea that is above all buildable, a method that helps us to condense information scientifically and systematically, even if the architectural end results are different because they belong to the realm of magic realism.

The design comes from the line, but first we think of the outline. We allow our place to speak, whisper, and transmit information. Everything begins with a murmur: form, space, matter, even capital and its workings. The line shifts, moving on its own with a connector of wisdom that gathers silence with the hand that draws it. The Apaloosa architect designs as a medium of his own origin, with architecture as the matter of a knowledge that inhabits from the unit, the base of our culture: the house. Our ancestors' knowledge has always been there, talking to us through materials, forms, light, what moves us from the shelter without us being aware of it, day after day, what calls us without calling us. If we take the idea of dwelling as the basis of all architecture, we educate the hand. We always think about places outside of our sites; we must learn from our cultural-built context, which has always been there, in our earliest, collective memory.

Like a Chiapanecan alchemist, Apaloosa explores materials and their semiotics, mixing walls, lattices, columns, and structures in a constant search for the house that narrates the passage of the local with a global spirit and a contemporary result.

Un estudio en la frontera sur de México

Luis Armando Gómez Solórzano

Cuando egresamos de la licenciatura en arquitectura, nos damos cuenta de que pasamos a formar parte de una larga lista de desempleados. La noticia nos llega tarde, pero aún tenemos tiempo de mejorar la situación: buscamos empleo como auxiliares en un despacho o institución, o nos aventuramos a crear un estudio propio con conocimiento casi nulo de las ventajas y obligaciones que esto conlleva.

En la ceremonia de graduación de una generación varios años mayor que la mía escuché por primera vez la frase "Felicidades, a partir de este momento están en la lista de desempleados". Puedo decir que fue a tiempo, porque apenas había cursado la mitad de la carrera en la Universidad Autónoma de Chiapas. Los recién egresados, las futuras promesas de la arquitectura, se rieron al escuchar la frase, excepto algunos ansiosos, como su servidor. Mi primera reacción ante el alarmante futuro que nos anunciaban fue preocuparme y al día siguiente decidí darme en "adopción laboral" en un estudio local de arquitectura. Este camino me ayudó a generar perspectivas diferentes a las que apreciaba en la universidad. En mi graduación tuve un *déjà vu* al escuchar las mismas palabras y las mismas risas, pero no me sentí igual, pues estaba abriendo mi empresa como persona física en un local de apenas 30 m^2, en el centro de Tuxtla Gutiérrez, Chiapas.

Ese sueño de aprendizaje, experiencias y algunos aciertos duró apenas seis años. Los proyectos fueron pocos y sin conceptos bien estudiados. Regresé a mi *alma mater* como profesor de la asignatura de diseño, con hambre de preparación teórica y con las buenas recomendaciones del arquitecto Roberto Lucero, mi compañero para impartir clases. De todos los libros que devoré, el que me parecía más básico explicaba el análisis del usuario, el sitio y el objeto, y afirmaba que mientras más se investigaran estos elementos, mayor sería el justificante y el peso del concepto arquitectónico. Se trata de *Arquitectura: teoría, diseño, contexto*, del arquitecto Enrique Yáñez, quien lo aplicó sobre todo a la arquitectura vernácula. Para mí, la guía estaba ahí.

El siguiente paso no fue sencillo. ¿Cómo crear una empresa enfocada en arquitectura? ¿Cómo prospectar, organizar ingresos y egresos, reclutar, elaborar contratos y nóminas? La primera acción fue construir un equipo de trabajo porque no puedo con todo ni soy bueno en todas las actividades que exige una correcta encomienda de proyectos arquitectónicos, desde los medios de comunicación digitales hasta las ingenierías requeridas, pasando por la administración de una firma. Empezamos las asesorías y consultorías especializadas en diseño de marca, mercadotecnia y creación de empresas. Los resultados fueron lentos, pero cimentaron las bases: cada proyecto se documentó desde su concepción para tener material de difusión para redes sociales y seguir prospectando clientes. Los concursos de arquitectura nos capacitaban con crudeza: intentábamos entender por qué no ganábamos y reflexionábamos sobre los proyectos ganadores y la manera correcta de hacer un proyecto.

Ya con un nombre y cinco integrantes, Apaloosa Estudio de Arquitectura empezó a caminar y darse a conocer. Nacimos en 2015 y en 2016 Casa Tadeo, nuestra ópera prima, ya generaba polémica en medios de comunicación digitales de arquitectura. Se trataba de la remodelación de una vivienda de interés social que difería de la plástica material común de la zona para expresarse como una reacción a su entorno natural. El análisis de usuario, sitio y objeto que aprendimos y ejecutamos en nuestro primer proyecto de casa se adaptó a otros giros: restaurantes, hoteles y museos.

El mayor reto y sueño de todo estudio de arquitectura es salir de su zona de confort, —en nuestro caso, Chiapas— para adentrarse en otras zonas del país. Estamos a pocos meses de cumplir diez años y hemos decidido asentar una marca en el tiempo con este libro editado por Arquine acerca de nuestra manera de reflexionar la arquitectura y cómo se representa en nuestros proyectos.

A studio on Mexico's southern border

Luis Armando Gómez Solórzano

On graduating from the architecture degree course, we realize that we are joining a long list of the unemployed. We find out late, but we still can improve the situation: we look for jobs as assistants in a firm or organization, or we embark on setting up our own studio with almost no prior knowledge of the advantages and obligations involved.

At the graduation ceremony of a generation several years older than my own, I heard the phrase for the first time: "Congratulations! You're now officially unemployed." I can say that I heard this in time, because I was barely half way through my studies at the Autonomous University of Chiapas. The newly minted graduates, the architects of the future, laughed it off—except for a few more anxious souls, like me. My first reaction to the alarming future lying ahead of us was to worry, and the following day I decided to put myself up in "professional adoption" at a local architecture studio. This professional path helped me to develop different perspectives to the ones I had seen at university. At my own graduation I had a moment of déjà vu when listening to the same words and laughter, but I felt different because I was already opening up my own studio in a 30-square-meter space in the center of Tuxtla Gutiérrez, Chiapas.

That dream of learning, experiences, and some successes lasted barely six years. The projects were few and lacked clearly defined concepts. I returned to my alma mater to teach design, with a hunger for theoretical grounding and aided by the book recommendations of the architect Robert Lucero, my fellow faculty member. Of all the books I devoured, the one that seemed most fundamental of all gave a succinct analysis of the user, site, and object, and asserted that the greater the research into these elements, the stronger the resulting architectural concept and justification. The publication was Enrique Yáñez's Arquitectura: teoría, diseño, contexto, *and the main field of application was vernacular architecture. I had found my guide.*

The next step was not easy. How to create a company focused on architecture? How to find clients, organize income and expenditure, recruit, draw up contracts and payrolls? The first step was to build a team because I can't do everything and I am aware of my shortcomings in some activities that are essential for a successful architecture project—from digital media communication and engineering requirements to the day-to-day administration of the firm. We began getting specialist advice on brand design, marketing, and starting up a business. It was a slow process, but it laid the groundwork: we documented each project from its beginnings in order to create content for social networks and to continue prospecting for clients. We learned from architecture competitions the hard way: we tried to understand why we failed to win them, and we reflected on the winning entries and the right way to approach a project.

Once we had settled on a name and five members, Apaloosa Estudio de Arquitectura took its first steps and to become known. We were established in 2015 and in 2016, our debut project (Casa Tadeo) was already causing a stir in online architecture magazines. This project was a remodeling of a low income home that took a different approach to the usual choice of materials in the area to express itself as a reaction to the surrounding environment. We adapted the analysis of the user, the site, and the object that we learned and executed in our first residential project to other types of architecture: restaurants, hotels, and museums.

The greatest challenge and dream of all architecture studios is to leave their comfort zone—in our case, Chiapas—to work in other parts of the country. We are about to celebrate our tenth anniversary and we have decided to celebrate this milestone with this book, published by Arquine, that focuses on how we conceive architecture and how it is represented in our projects.

Proyectos
Projects

Casa Tadeo
Tadeo House

Tuxtla Gutiérrez, Chiapas
2016
143 m^2

En un predio de 7 × 15 m, con una fachada que mira al oriente y rodeada de viviendas de interés social, se desplantó una casa con presupuesto limitado.

La fachada se cierra al exterior mediante pequeños vanos en planta baja y paredes de celosía que rodean las terrazas de cada recámara. Un basamento de concreto aparente confina este nivel, que contiene la estancia, el comedor, la cocina, un medio baño, el cuarto de lavado, la terraza y la circulación vertical. Muros de tabique generan la envolvente en planta alta, que se distribuye en dos habitaciones con vestidor, un baño completo y la recámara principal con baño, vestidor y balcón.

La luz natural ingresa por los vanos cenitales en los baños, la escalera y la doble altura del comedor, en donde se proyectan sobre un lienzo de concreto pulido las siluetas de las bóvedas de ladrillo, que descansan sobre vigas IPR.

El paso constante de los vientos se aprovecha en las áreas sociales y pasillos de la casa gracias a los vanos en cada extremo para ventilación cruzada y a los domos que permiten la salida del aire caliente. Adentro hay dos espacios con vegetación: una divide la estancia del comedor y la otra cubre el vacío que dejan las escaleras en planta baja.

El concepto se basa en el estudio del contexto. Tanto el sitio como sus recursos fueron los ejes rectores de la propuesta, que mantiene el carácter que el estado de Chiapas ha perdido por la necesidad de vivienda y sus promotores. Los materiales elegidos son referentes que brindan identidad y rememoran los procesos constructivos locales de antaño.

On a plot of land measuring 7 by 15 meters, with only façade looking east and surrounded by social housing developments, this house was built on a small budget.

The front is blind to the outside, with small openings on the ground floor and the lattice walls surrounding the terraces of each bedroom. An exposed concrete base encloses this level, which contains the living room, dining room, kitchen, half-bathroom, laundry room, terrace, and vertical circulation core. Brick walls surround the top floor, which has two bedrooms and closets, a full bathroom, and the master bedroom with its own bathroom, closet, and balcony.

Natural light enters through skylights in the bathrooms, the staircase and the double-height dining room, and the outlines of the vaulted brick ceilings—supported by IPR beams—are reflected off a polished concrete wall.

A prevailing breeze cools the home's living areas and corridors thanks to the openings on each side for cross ventilation, and the vents that allow warm air to escape. The design includes two indoor green areas: one separates the living room from the dining room, and the other fills in the empty space on the ground floor created by the stairs.

The concept is based on the study of the context. Both the site and the resources defined the core aspects of the proposal, which preserves the character that has been lost in the state of Chiapas due to the housing needs and its promoters. The materials chosen are points of reference that give identity and evoke local construction processes of the past.

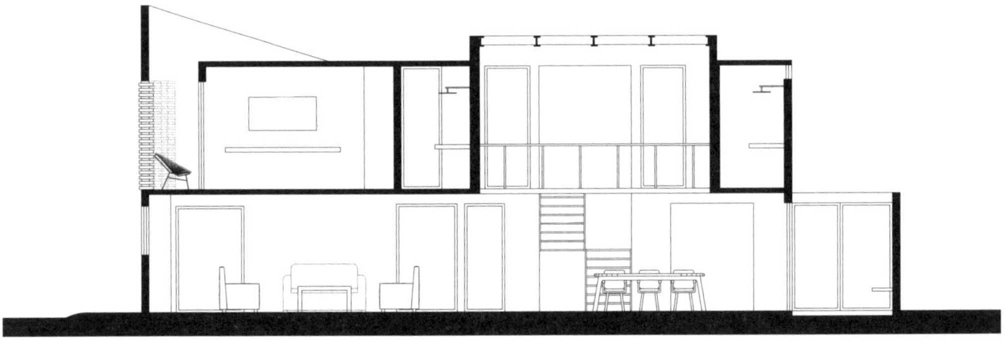

Sección
Section

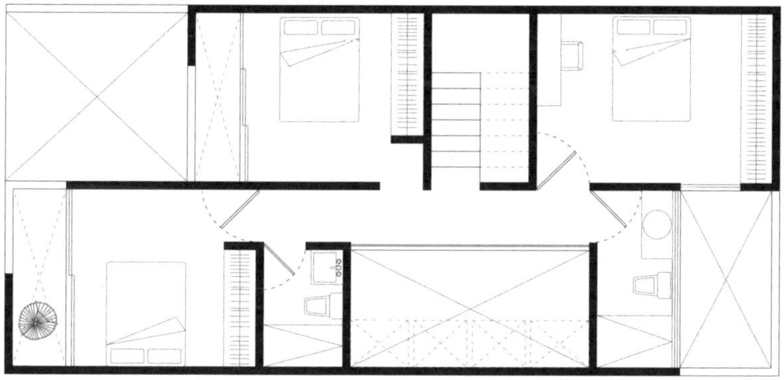

Planta alta
Upper floor plan

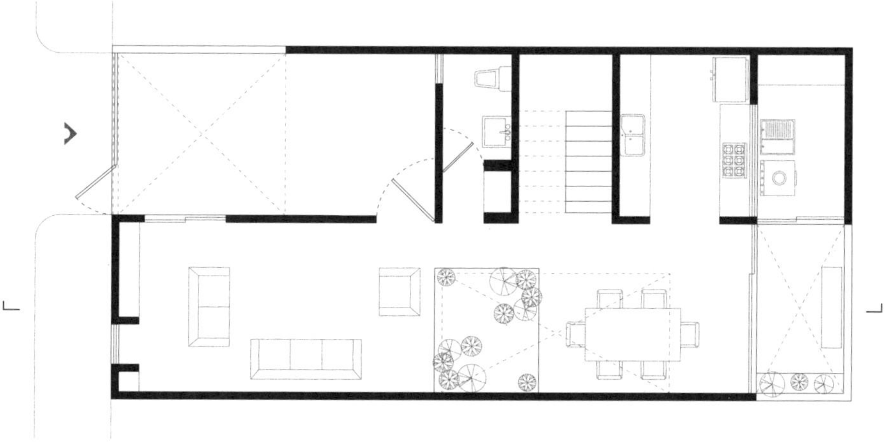

Planta baja
Ground floor plan

Casa Caoba
Caoba House

Tuxtla Gutiérrez, Chiapas
2017
132 m²

En un predio de 8 × 30 m con un gran árbol de caoba al frente se proyectó una vivienda que se abre al interior por medio de terrazas y jardines. El programa consiste en una cochera, estancia, cocina-comedor, estudio y dos recámaras. La profundidad del terreno permitió separar los espacios y producir circulaciones rodeadas de vegetación.

Los materiales se tomaron del contexto: ladrillo, block y madera, comunes en la región. El acabado cerámico marca un contraste entre el comedor-cocina y el resto de la estancia. Cada área se conecta con los jardines para propiciar una ventilación natural corrida y mitigar las altas temperaturas. La transición entre la zona social y la privada se evidencia con una escalera ligera entre dos jardines interiores. Una terraza en planta alta interactúa con las ramas del árbol y aprovecha la sombra del follaje. La casa se adapta a su entorno con estrategias bioclimáticas locales y brinda carácter a su uso.

Situated on an 8 by 30 meter lot with a large mahogany tree at the front, this house was designed to open up inside through terraces and gardens. The program includes a garage, living room, kitchen-dining room, study, and two bedrooms. The depth of the plot made it possible to separate the spaces and create circulations surrounded by vegetation.

The materials used—brick, cement block, and wood, found throughout the region—were appropriate to the local context. The ceramic finishes create a contrast between the kitchen-dining room, and the rest of the living area. Each area is connected to the gardens to provide natural cross ventilation and regulate the high temperatures. The transition between the social and private space is marked by a lightweight staircase between two interior gardens. A terrace on the top floor interacts with the tree branches, taking advantage of the foliage's shade. The house is adapted to its surroundings, using local bioclimatic strategies and contributing character to its use.

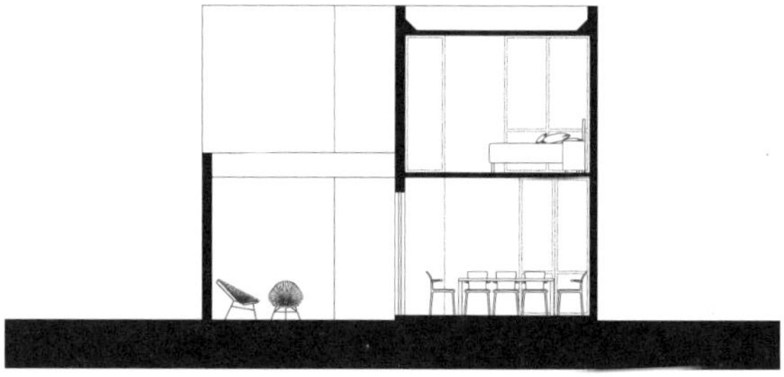

Sección transversal
Transverse section

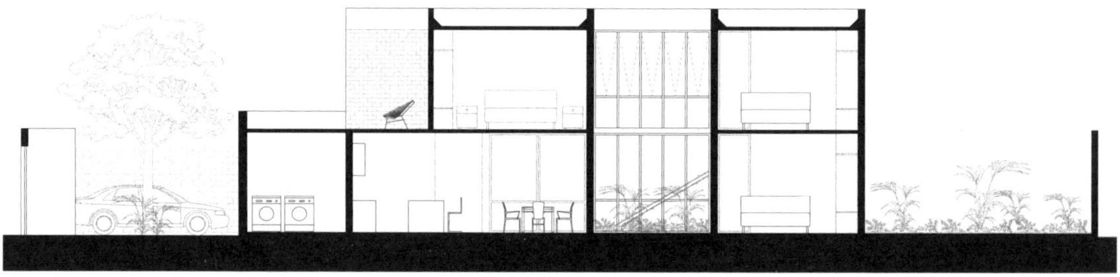

Sección longitudinal
Longitudinal section

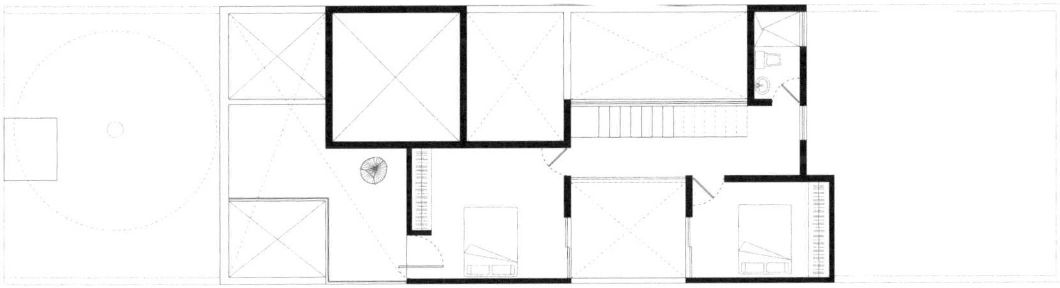

Planta alta
Upper floor plan

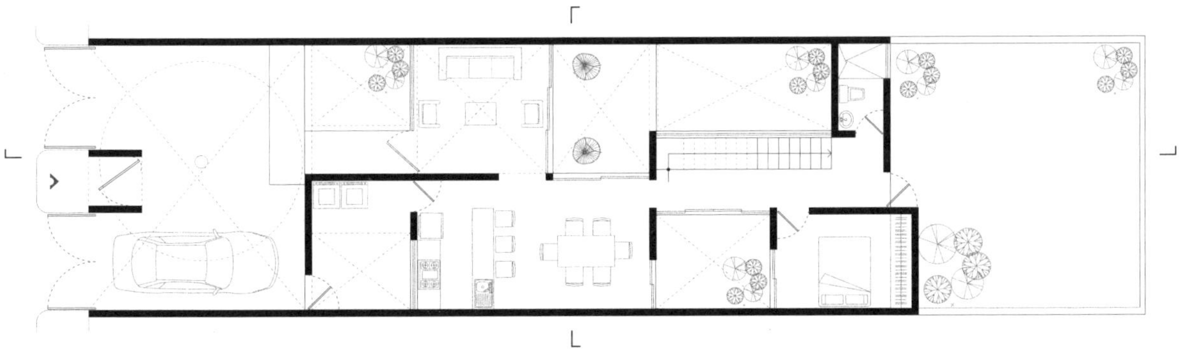

Planta baja
Ground floor plan

Casa Gala
Gala House

Tuxtla Gutiérrez, Chiapas
2017
75 m²

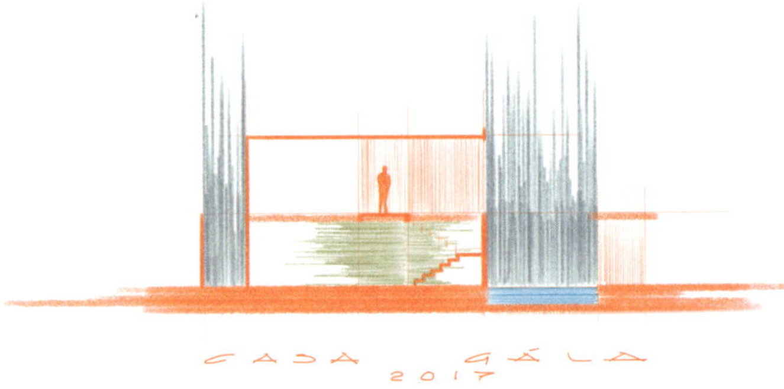

Esta casa de descanso y esparcimiento fue diseñada para un matrimonio que desea aprovechar los fines de semana en familia. Es un proyecto arriesgado en el que se propuso un microambiente que parte de comprender la relación entre exterior e interior.

La casa se ubica en un fraccionamiento de interés medio, con una vista impresionante hacia Tuxtla Gutiérrez. En la parte frontal del terreno están el área de usos múltiples, que también funciona como cochera, y la alberca con su cuarto de máquinas. La fachada principal, orientada hacia el sur, recibe la luz solar y el calor durante todo el día. Se incorporó un cubo de escaleras como cámara de amortiguamiento que modera y tamiza la luz natural por una celosía artesanal de ladrillo.

Un estudio, el comedor y la recámara son los elementos que lograron una composición sobria y relajada en el programa. La alberca es visible desde cada zona de la vivienda y el reflejo ondulante de la luz del sol en el agua se percibe en los plafones de concreto expuesto. Los muros de ladrillo en tergiversado —conocido como "muro 21"— expuesto reflejan la identidad y el carácter de la casa.

This residence was designed for a married couple as a place for the family to enjoy a weekend retreat. A bold project, Casa Gala proposes a micro atmosphere developed from an understanding of the relationship between indoor and outdoor spaces.

The house is located in a middle-class subdivision with impressive views over Tuxtla Gutiérrez. At the front of the property is a multi-purpose area that doubles as a garage, and also houses a swimming pool and its pump room. The main, south façade receives sunlight and heat during the day. The design incorporates a stairwell as a buffer zone that regulates daylight through an artisanal brick lattice structure.

A study, dining room, and bedroom form the program's formal yet relaxed composition. The swimming pool is visible throughout the home and the water reflects wavy lines of sunlight that play on the exposed concrete ceilings. The twisted, exposed-brick walls—known as "muro21"—reflects the identity and character of the home.

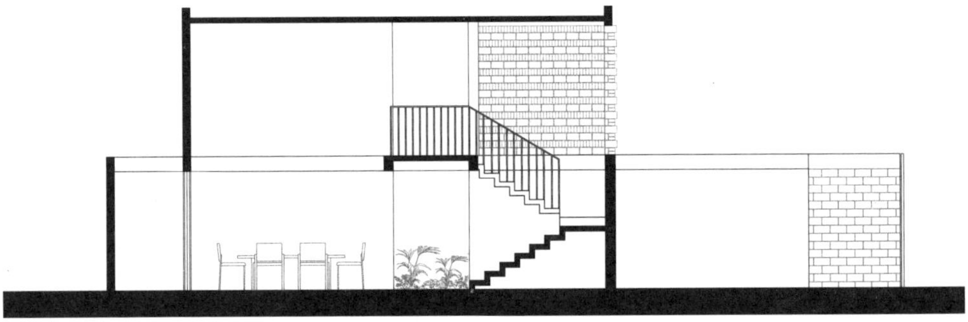

Sección
Section

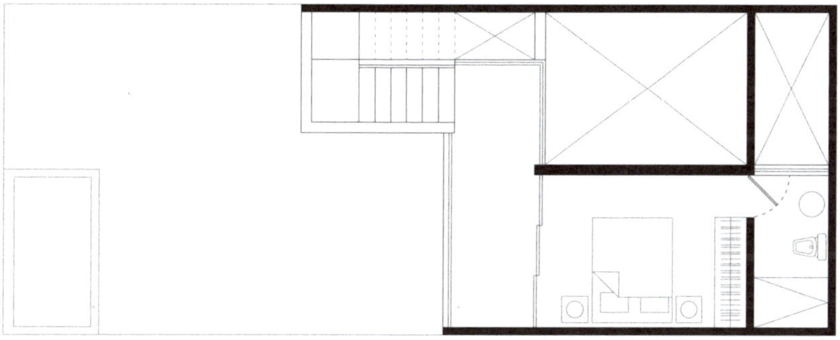

Planta alta
Upper floor plan

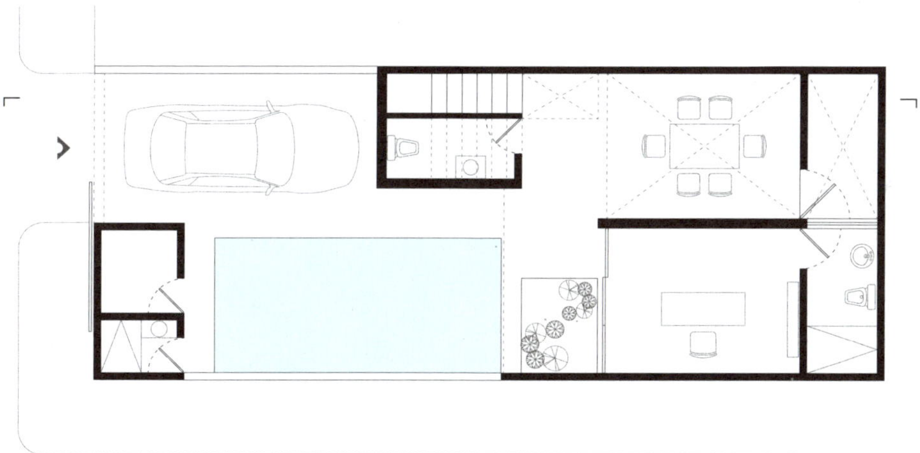

Planta baja
Ground floor plan

Casa Ataúlfo
Ataúlfo House

Tuxtla Gutiérrez, Chiapas
2018
505 m^2

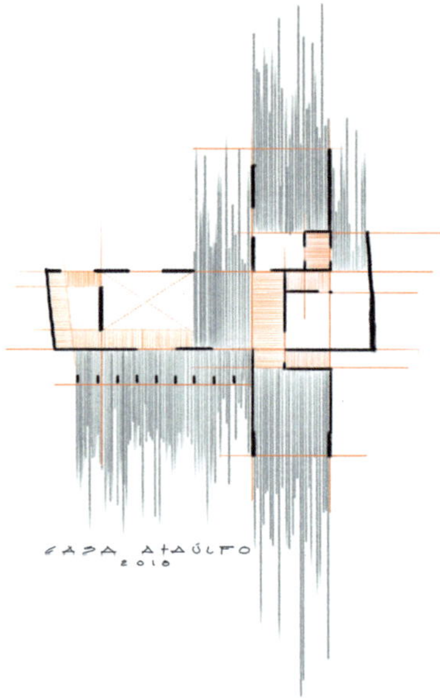

La planta de esta vivienda se emplaza en forma de cruz y conforma cuadrantes con la intención de reducir las vistas y la contaminación auditiva de la calle, y repartir los rayos solares provenientes del sur. Un corredor introduce al usuario a la vivienda hasta el estacionamiento, versátil para reuniones sociales. La zona de servicio, cubierta en chapa de madera para pasar desapercibida, resguarda la bodega y el cuarto de máquinas, servicio y lavado.

El punto central de la casa es la cocina: todo se ve desde ahí. La fachada norte goza de una vista franca a la ciudad de Tuxtla Gutiérrez y el cañón del Sumidero, que se disfruta en el recorrido del acceso hasta la planta alta. El cubo de escaleras, ubicado al fondo de la estancia, mantiene su propio jardín iluminado por un vano cenital. La sinergia plástica entre acero y concreto contrasta con la intimidad de una vivienda con costumbres arraigadas al sitio. La madera en los plafones aporta calidez y separa las áreas de estar.

La conjugación de vanos y macizos proyecta una variedad de percepciones de luz y sombra. La casa es sobria y callada. La iluminación natural recorre cada espacio de forma controlada.

The cross-shaped floor plan of this house creates quadrants to reduce the visual and sound pollution from the street, while also providing shade from the sunlight from the south. A corridor leads from the parking area—a space that can be transformed for social gatherings—into the home. The service area, concealed behind a wooden screen, contains the storage and machine room, utilities, and the laundry area.

The kitchen is at the heart of the house and everything can be seen from there. The north façade offers panoramic views of the city of Tuxtla Gutiérrez and the Cañón del Sumidero, visible on the way upstairs to the top floor. The staircase to the rear of the house has its own garden, lit from above by a skylight. The combination of steel and concrete provides an aesthetic contrast with the intimacy of a home deeply rooted in its local context. The wooden ceilings give a sense of warmth and visually demarcate the living areas.

The combination of solids and voids projects a range of chiaroscuro effects. The house is quiet and understated, suffused in regulated natural light throughout.

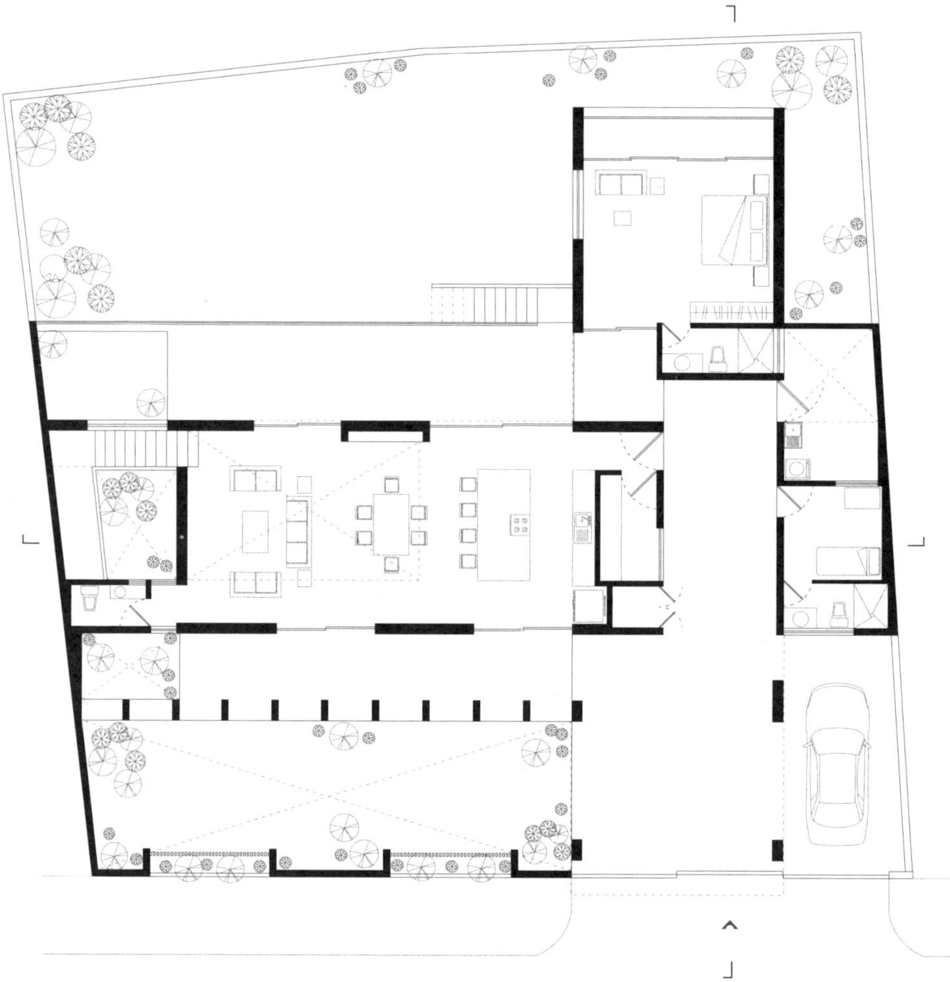

Planta baja
Ground floor plan

Planta alta
Upper floor plan

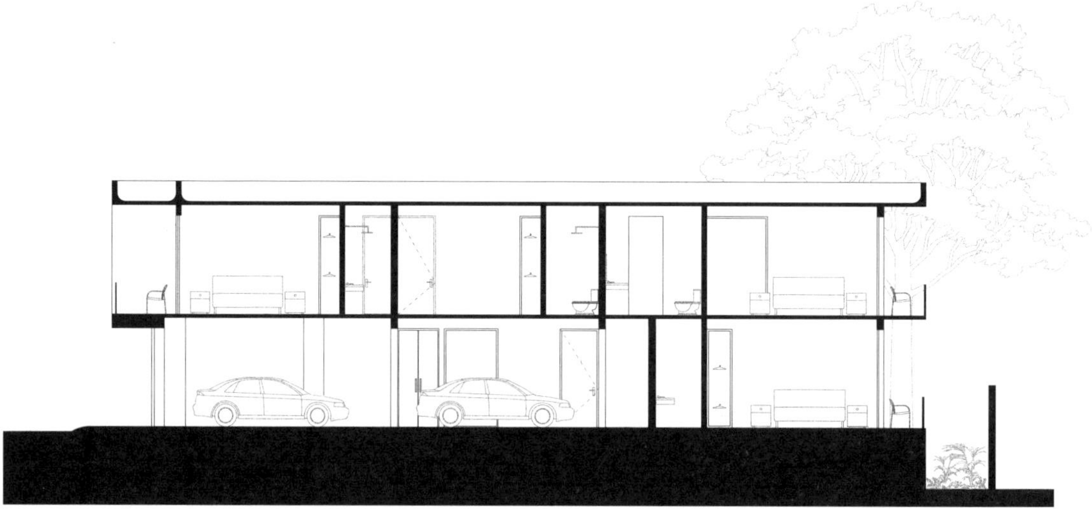

Sección transversal
Transverse section

Sección longitudinal
Longitudinal section

Pabellón del Agua
Water Pavilion

Ciudad de México
2018
200 m^2

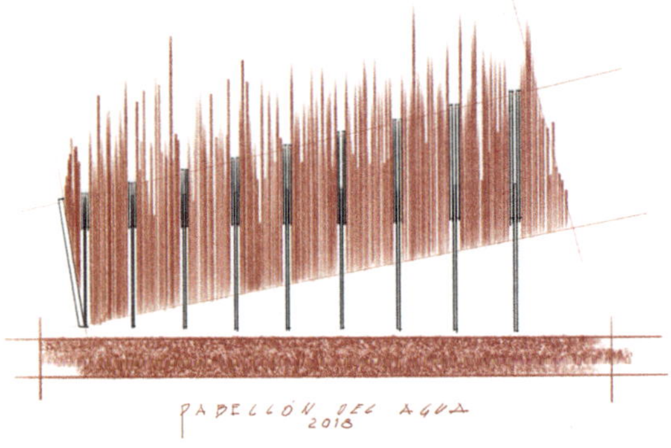

El agua delimita ciudades y separa continentes. Con ella nacen y desaparecen civilizaciones. El líquido define desde cómo nos alimentamos hasta cómo vivimos la ciudad e idea un lenguaje plástico a partir de los materiales constructivos que elegimos para protegernos de él.

El parque lineal Ecoducto Río de la Piedad, —la recuperación del espacio sobre un río entubado—, se caracteriza por su interacción con las redes y las captaciones naturales del líquido vital. En este contexto, el Pabellón del Agua surge como proyecto ganador de una convocatoria pública en 2018.

La propuesta es utilizar el agua como elemento transformador: dada la reacción natural de oxidación del acero con el transcurso del tiempo, el diseño busca crear una experiencia colectiva al observar cómo se transforman los colores y las texturas del Pabellón según la estación del año. La herrumbre será lo que las flores al Ecoducto, el triunfo irrefutable de la naturaleza sobre las obras tectónicas.

El programa arquitectónico está contenido en un bloque central donde se ubican el aula para talleres, el sanitario y la bodega. La envolvente consta de tres placas de acero que forman un triángulo rectángulo en planta, soportado por pilotes perimetrales que se elevan ligeramente y giran sobre la arista más corta para definir el límite entre interior y exterior sin perder la conexión con el entorno urbano.

Water defines cities and divides continents. It gives birth to civilizations and makes them disappear. This liquid defines how we eat and even how we live in the city, and the building materials we choose to protect ourselves from it creates create a plastic language.

Mexico City's Ecoducto Río de la Piedad linear park—a recovered space over a river encased in a tunnel—is notable for its interaction with the water mains and rainwater collection. In this context, the Water Pavilion won a public competition in 2018.

The idea is to use water as a transformative element: given the natural reaction of rust on steel over time, the design seeks to create a collective experience by observing how the pavilion's textures and colors change with the seasons. The pavilion's corrosion will be like the flowers are to the Ecoducto, the irrefutable triumph of nature over structures.

The architectural program is contained in a central block containing the workshop-teaching room, bathroom, and storage area. The envelope consists of three steel plates that form a right-angled triangle in plan view, supported by perimeter piles that are slightly raised and rotate on the shorter side to mark the boundary between the indoor and outdoor space, without becoming detached from the urban context.

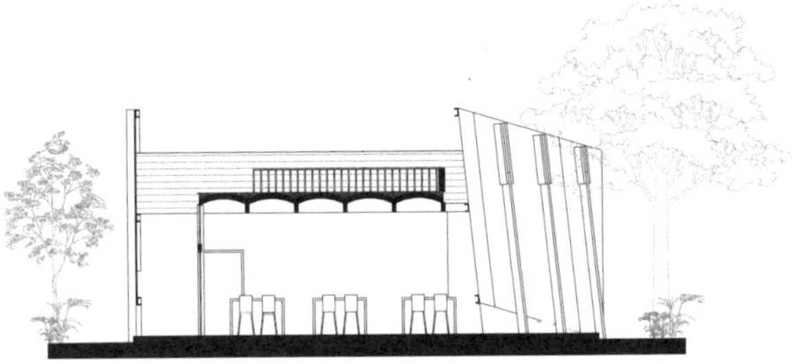

Sección transversal
Transverse section

Sección longitudinal
Longitudinal section

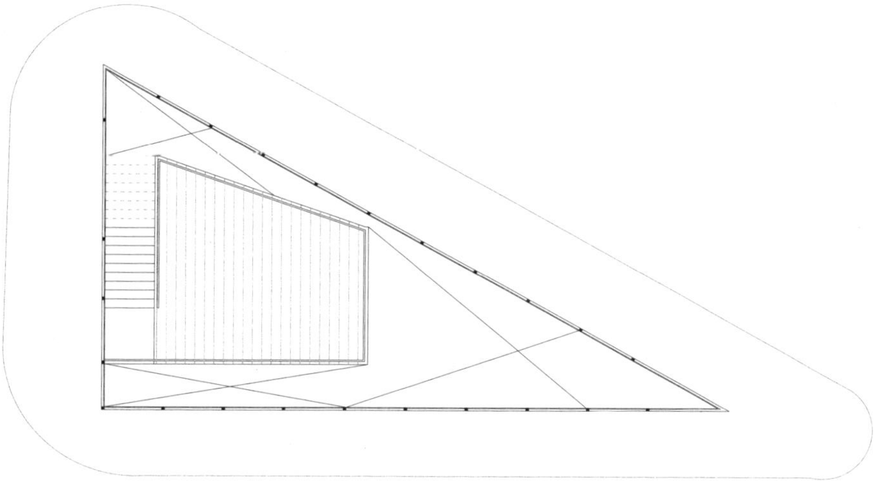

Planta alta
Upper floor plan

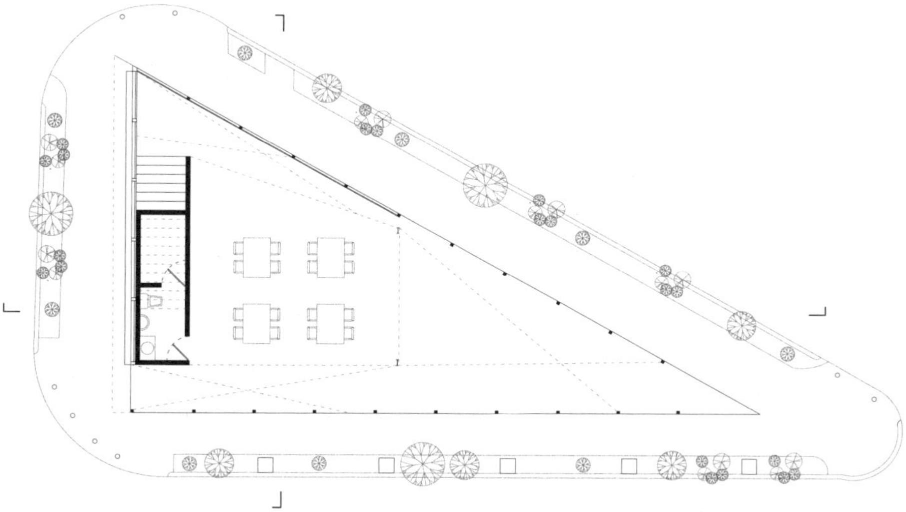

Planta baja
Ground floor plan

50
km/h
CDMX
TEQUILA CENTENAR

50
km/h

Casa Santo Domingo
Santo Domingo House

Tehuantepec, Oaxaca
2018
102 m^2

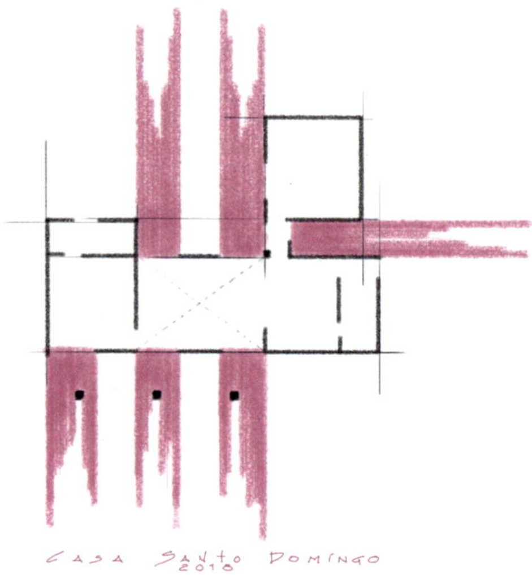

Concebimos esta casa como un contenedor dentro de otro. Dos volúmenes juegan un papel importante en el proyecto: uno no logra ser sin el otro y la diferencia espacial entre ellos propicia un ambiente ameno y entrañable para los usuarios.

Es un concepto de vivienda que va de la introspección a la amplitud perceptiva que aprovecha el entorno. La distribución de cada zona permite un programa metabólico, es decir, diseñado para seguir creciendo. Se planea una segunda etapa de construcción que no modifique su esencia.

Para amortiguar los rayos de sol que inciden sobre la fachada, orientada al sur, se propuso un corredor que funge como espacio de transición entre el exterior y el interior, destinado al descanso, el esparcimiento y la reflexión.

Adentro, la cubierta del área social sobresale para absorber, tamizar y distribuir la luz natural desde el cenit, al mismo tiempo que exhala el aire caliente del húmedo verano oaxaqueño por las trampas de ventilación. La cocina se dramatiza con un cambio de texturas con madera y cubiertas oscuras, y se convierte en un ambiente más íntimo.

Un segundo corredor, más privado que el primero, se mantiene para albergar la segunda recámara para los usuarios más pequeños de la casa. En total, 102 m^2 construidos están contenidos en 480 m^2, con 378 m^2 de área verde. Esta proporción resulta favorable para una familia que desea pasar sus fines de semana en contacto con la naturaleza dentro de su propio hogar.

We designed this house as one container nested inside another. Two volumes play an important role in the project: they are interdependent and the spatial differences between them create a harmonious, inviting atmosphere for users.

This living concept ranges from encouraging internal contemplation to enhancing perceptions of the external environment. The distribution of each area creates a metabolic program, in a design that allows for future growth, with a second construction phase planned without modifying the project's essence.

To regulate solar gain through the house's south façade, a corridor acts as a transitional space between the interior and exterior, somewhere for rest, play, and contemplation.

Inside the house, the roof of the social area cantilevers to absorb, filter, and distribute the natural light from the roof, while also including vents for warm air to escape during the humid Oaxacan summers. The kitchen has a dramatic appearance: contrasting textures combine with dark wood and surfaces that create a more intimate atmosphere.

A second corridor, more private space than the first, is designed to contain the second bedroom for children. The total construction of 102 square meters is inserted in a plot of 480 square meters, leaving 378 square meters of green space. This proportion is ideal for a family wishing to spend weekends in contact with nature in their own home.

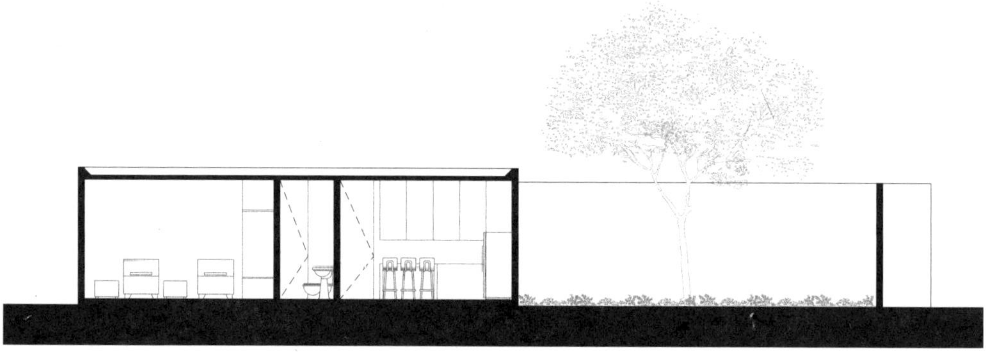

Sección transversal
Transverse section

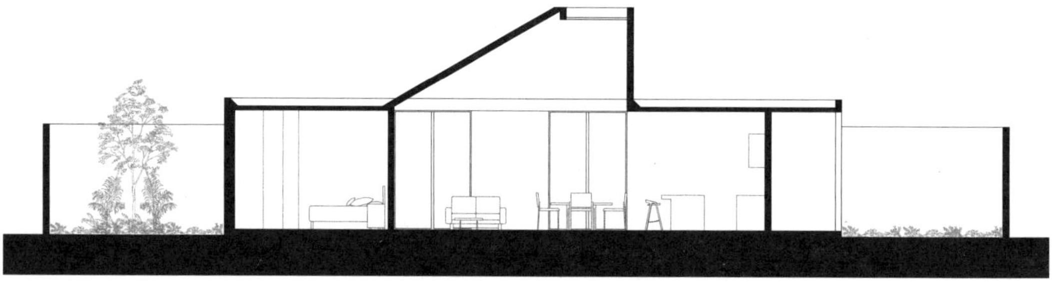

Sección longitudinal
Longitudinal section

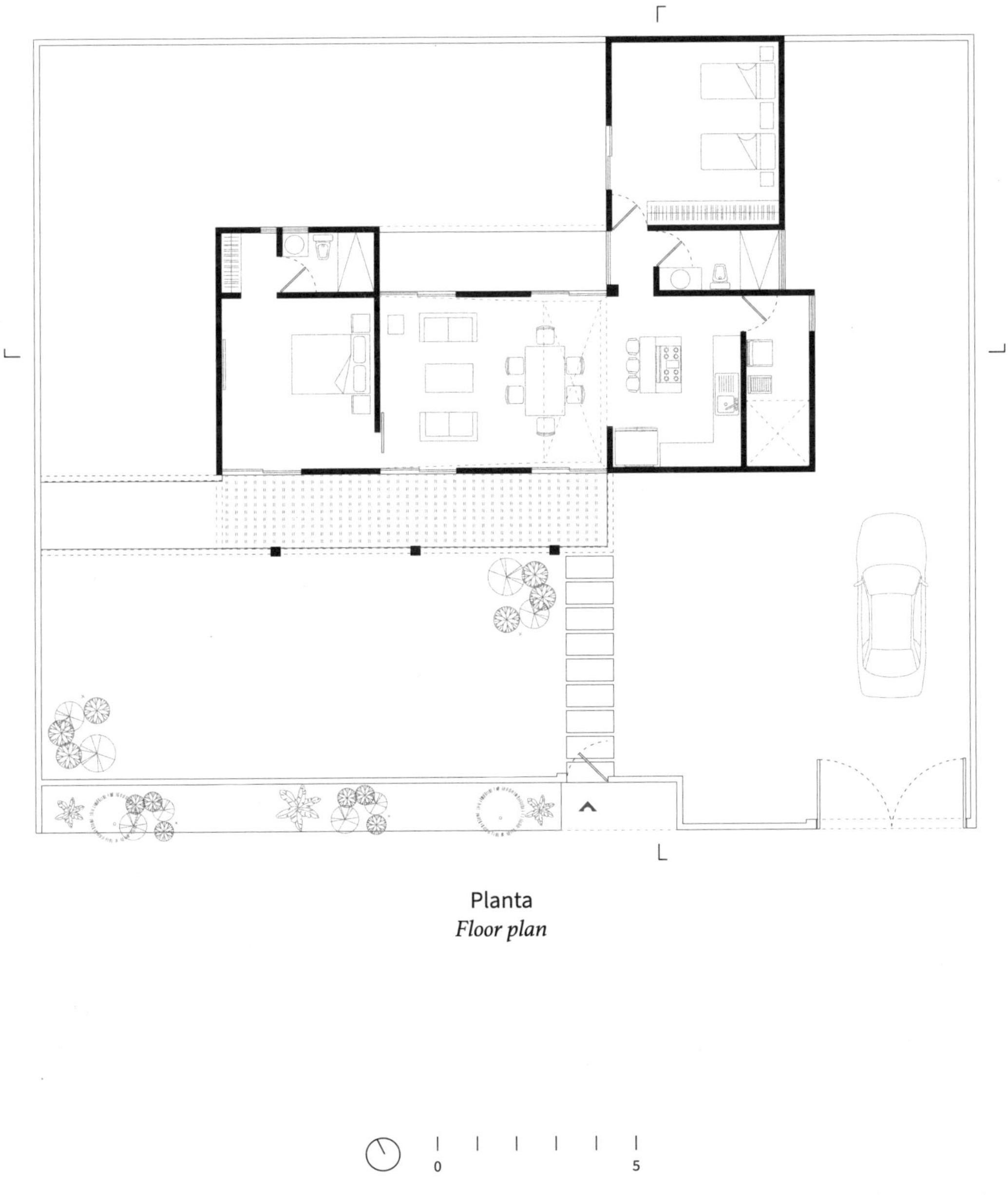

Planta
Floor plan

Casa Coronado
Coronado House

Tuxtla Gutiérrez, Chiapas
2019
260 m²

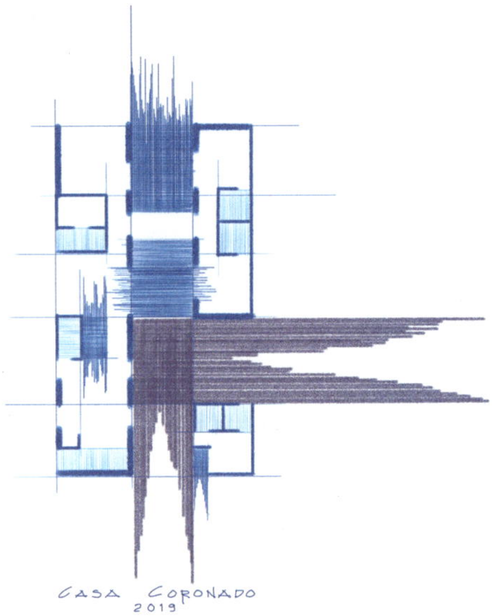

El programa básico para esta casa se adaptaba perfectamente al sitio, pero el predio y su entorno no favorecían las vistas al exterior, lo que condicionó todas las decisiones de diseño. Desde la conceptualización, buscamos propiciar ventilación cruzada, iluminación natural y relación con la naturaleza. El partido arquitectónico separa los elementos para que cada área libre tenga una atmósfera y un microclima propios.

La propuesta se aleja de la plástica de la vivienda convencional y se enfoca en volúmenes simples enlazados mediante cubiertas abovedadas para las circulaciones.

Dado el clima caluroso de la región, las estrategias bioclimáticas pasivas fueron prioritarias en el diseño. Muros de 40 cm de espesor, hechos con tierra compactada extraída del sitio, mantienen la temperatura fresca en el interior de algunos módulos. En otros se erigieron paredes de ladrillo en “muro 21” o de 21 cm de espesor, y las cubiertas de bóvedas de ladrillo tienen relleno aislante para nivelación y compresión.

La superficie libre es mayor que la construida. El proyecto de paisajismo se implementó a la par del desarrollo de la obra y se crearon caminos sinuosos entre junglas endémicas para llegar a la alberca y la terraza.

The basic program for this house is perfectly adapted to the plot, but the site and its surroundings did not offer good views onto the surrounding area. This factor determined the all the design decisions. From the initial design stage, we maximized cross-ventilation, natural lighting, and connections with nature. The architecture separates the elements so that each open space has its own atmosphere and microclimate.

The design is a departure from the classic type of residence and focuses on simple volumes connected by vaulted roofs for circulation.

The region’s hot climate made it a priority to incorporate passive bioclimatic strategies. The 40-centimeter-thick walls, made of rammed earth extracted from the site itself, keep temperatures cool inside some of the modules. In others, brick walls were built using the “muro 21” system (21 cm thick walls), and the vaulted brick roofs have an insulating infill for levelling and compression.

The surface area is greater than the built size. The landscaping project was carried out in parallel with the construction and the paths leading to the swimming pool and terrace wind through the endemic vegetation.

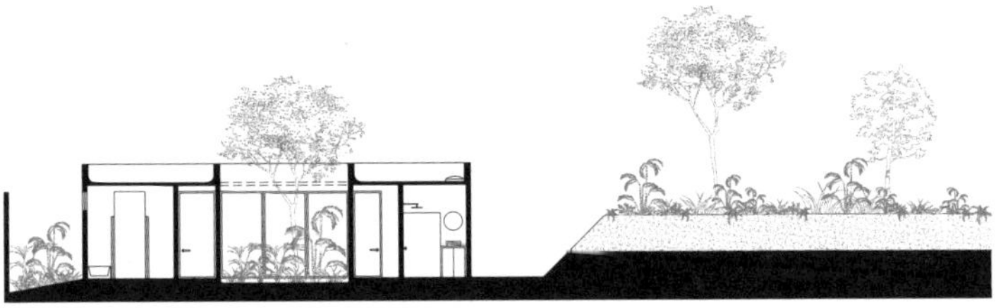

Sección transversal
Transverse section

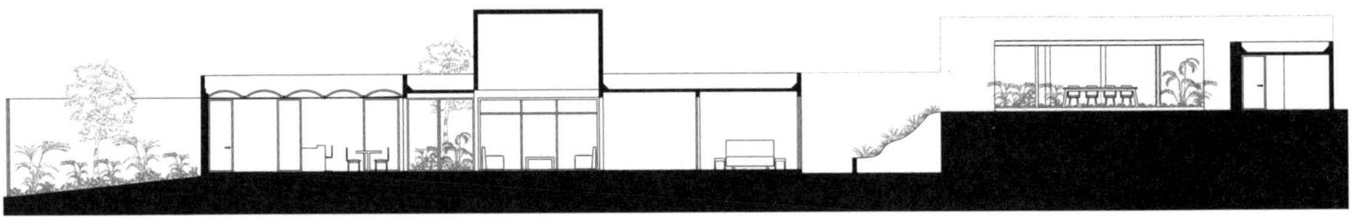

Sección longitudinal
Longitudinal section

Planta
Floor plan

Hotel Momotus
Momotus Hotel

Tuxtla Gutiérrez, Chiapas
2019
498 m²

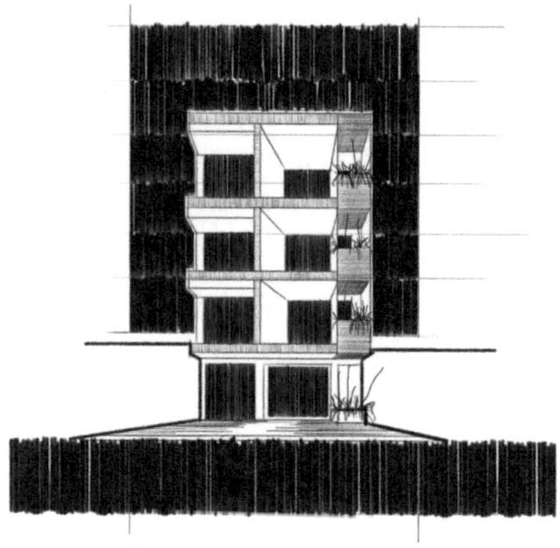

Tuxtla Gutiérrez mantiene un crecimiento demográfico y mercantil constante y veloz hacia el este y el oeste. Sin embargo, se ha descuidado el centro y algunas construcciones con alto valor comercial y espacial han quedado abandonadas.

Existe una veta de turismo extranjero que pernocta en la ciudad antes de seguir su recorrido a San Cristóbal de Las Casas y Palenque. Con esto en mente, se remodeló un edificio de oficinas abandonado, construido en la década de 1990, para adecuarlo como hotel. La estructura conformada por marcos rígidos independientes permitió un programa de 12 habitaciones con baño y terraza con vistas hacia los cerros de alrededor. Se propuso generar atmósferas que dieran a los huéspedes sensaciones distintas en cada visita.

Las técnicas y materiales artesanales establecen el arraigo en nuestros usos y costumbres desde los procesos constructivos hasta el diseño de interiores. En cada piso se añadió vegetación endémica en maceteras de barro o inmersa en muros con tierra y drenaje suficientes. El proyecto representa una intención valiosa de reutilización de espacios de ocio y la dignificación del sitio.

Tuxtla Gutiérrez is rapidly expanding demographically and commercially to the east and west. However, this growth has neglected the downtown areas, where some valuable buildings have simply been abandoned.

Tourists sometimes choose to spend a night in the city before continuing on to San Cristóbal de Las Casas and Palenque. To cater to this target market, an abandoned 1990s office building was converted into a hotel. The structure, made up of independent rigid frames, made it possible to create 12 bedrooms, each with its own bathroom and a terrace with views of the surrounding hills. The aim was to produce atmospheres that could give the guests different sensations during each visit.

The craftmanship and material techniques are rooted in Chiapanecan traditions and customs, from the construction process to the interior design. On each floor, endemic vegetation has been added in clay planters or in green walls, equipped with the proper soil and drainage technologies. The project is a worthwhile mission to reuse recreational spaces and to dignify the area.

MOMOTUS
HOTEL

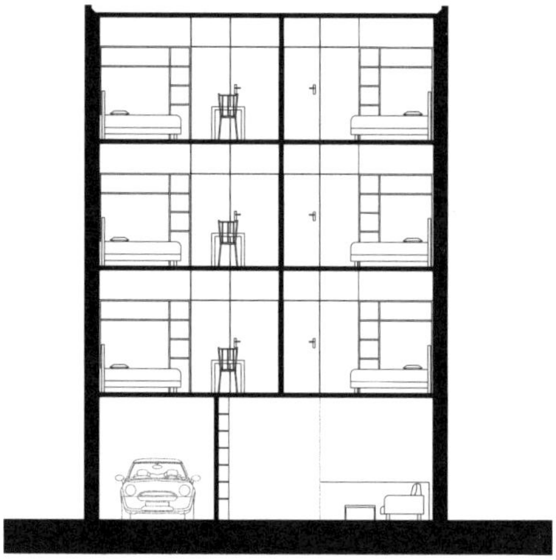

Sección transversal
Transverse section

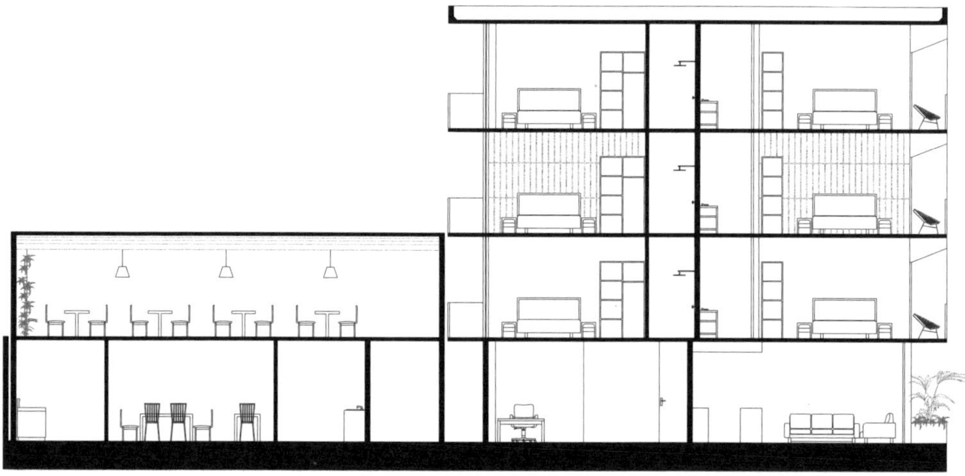

Sección longitudinal
Longitudinal section

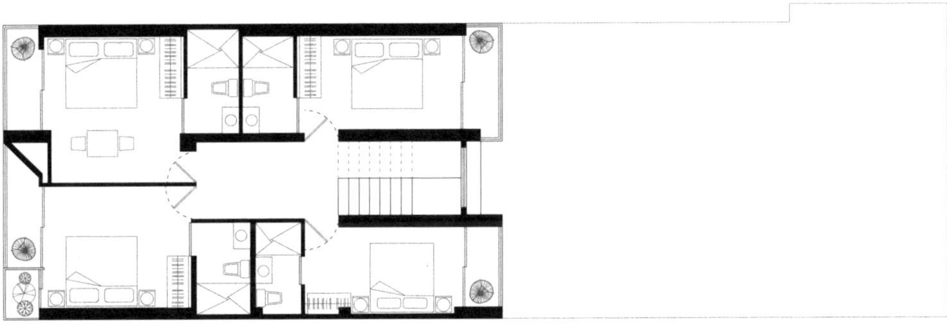

Planta nivel 2 y 3
Levels 2 and 3 floor plan

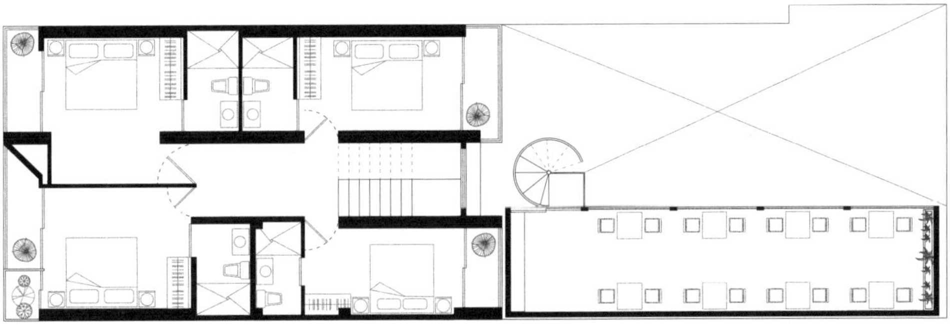

Planta nivel 1
Level 1 floor plan

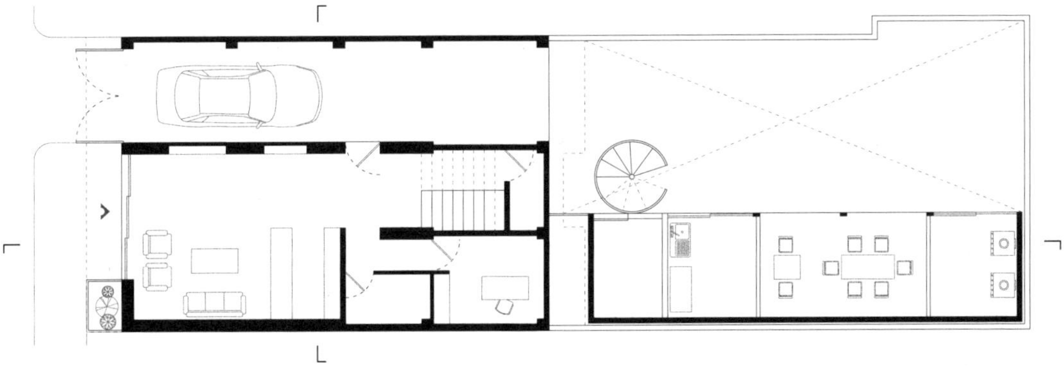

Planta baja
Ground floor plan

MOMOTUS
HOTEL

302
303

Casa Salvador
Salvador House

San Fernando, Chiapas
2020
147 m²

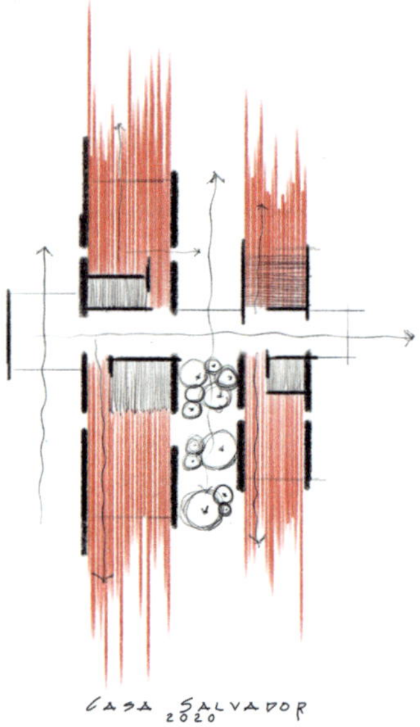

El árbol de cuchunuc en este sitio campestre determinó el emplazamiento de la casa, el punto de tensión y el recorrido debido a una característica muy importante: el suelo de tono rojizo dramatiza la temporada de flor de esta especie.

Los materiales siguen una paleta de colores sepia, congruente con la tierra, que delata la honestidad constructiva de la vivienda. La zona social se integra en un solo volumen, mientras que las áreas privadas se separan en otros módulos. El diseño es flexible porque el usuario es veterinario y tiene animales a su cuidado con frecuencia.

El corredor, elemento característico de las viviendas de campo, se dispuso como arteria central, no como acceso primario. En él desfogan las bajadas pluviales que alimentan el tanque de almacenamiento de agua. Pequeños huertos aprovechan las lluvias durante y después de esta época.

The cuchunuc tree on this rural property defined the house's placement, the point of tension, and the circulation, due to a particularly important feature of the site: the reddish soil, which adds a dramatic touch to this tree's flowering season.

A sepia palette was used to match the materials with the local soil, showing the house's structural honesty. The living area is integrated within a single volume, while the private spaces are separated into other modules. The design is flexible because the client is a veterinarian and often has animals to look after.

The exterior corridor, a classic feature of rural houses, has been transformed into a central artery rather than a main entrance. This area channels the rainwater that fills the cistern used to irrigate the kitchen garden during and after this season.

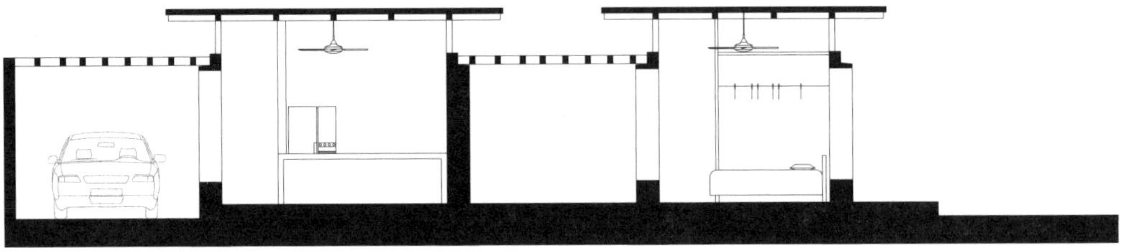

Sección transversal
Transverse section

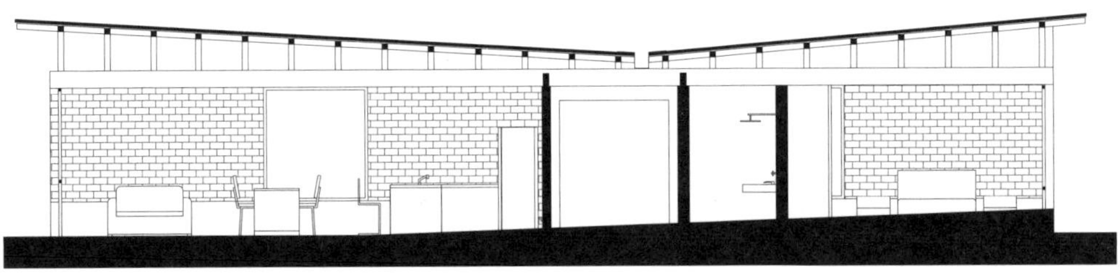

Sección longitudinal
Longitudinal section

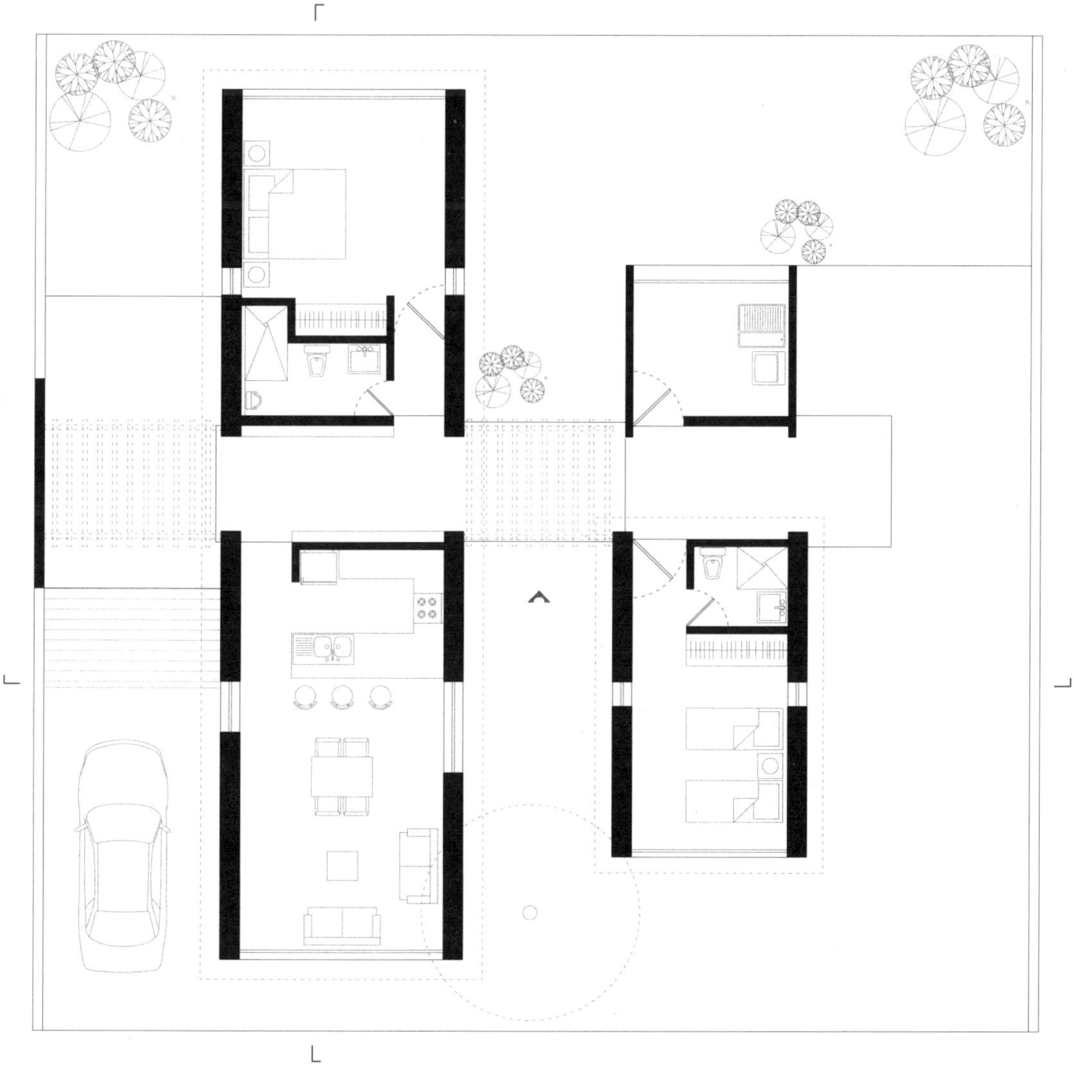

Planta
Floor plan

Casa La Fortuna
La Fortuna House

San Cristóbal de las Casas, Chiapas
2020
154 m²

Esta vivienda se encuentra en los suburbios, en un predio con tres jardines amplios dentro de un entorno boscoso. A partir del análisis de sitio, se decidió ubicar la casa en la zona poniente para obtener dos fugas visuales: una en la planta baja para apreciar el jardín y su vegetación endémica, y otra en el nivel superior para observar el bosque de pinos. Esta premisa se consiguió mediante el juego de volúmenes, habitáculos y terrazas que se unen entre sí para difuminar la sensación de hermetismo y dar paso a la luz natural por grandes ventanales que apuntan siempre a un patio central conectado con el área verde. Se propusieron materiales locales para ahorrar en manufactura y logística.

Desde la entrada, el pasillo central organiza, por un lado, la estancia, las escaleras y el comedor, y por el otro, una terraza cubierta, el patio central y la cocina. Al fondo, el cuarto de servicio se esconde detrás de los muros de ladrillo encalado. El cubo de escaleras se rodea de paredes de ladrillo expuesto que producen mayor profundidad visual en el recorrido. De las tres habitaciones que conforman la planta alta, la principal se distingue por una terraza con vegetación endémica.

Para combatir el frío invernal del bosque, la estrategia de transparencia mediante ventanales para la apertura visual favorece la absorción de calor durante el día para mantener una temperatura confortable por la noche.

This suburban residence is located on a plot with three large gardens in a wooded setting. Following the site analysis, it was decided to place the house on the western side to create two lines of sight: one on the ground floor with views of the garden and its endemic vegetation, and the other on the upper floor for a sweeping panorama of the pine forest. In the design, this premise was achieved through the interplay of volumes, living areas, and terraces which interconnect to blur the sense of hermeticism and to allow in natural light through the picture windows, all facing the central courtyard connected to the green area. Local materials were used to reduce manufacturing and logistical costs.

Upon entering, the main courtyard organizes the living area, on one side, and a covered terrace, central courtyard, and kitchen on the other. To the rear, the utility room is hidden behind lime-washed brick walls. The staircase is surrounded by exposed brick walls that increase the visual depth during circulation. The top floor consists of three rooms, with the main one remarkable for its terrace and endemic plants.

To provide warmth in the cool forest climate, the transparency and visual openness provided by the large windows helps to absorb heat during the day in order to achieve a comfortable temperature at night.

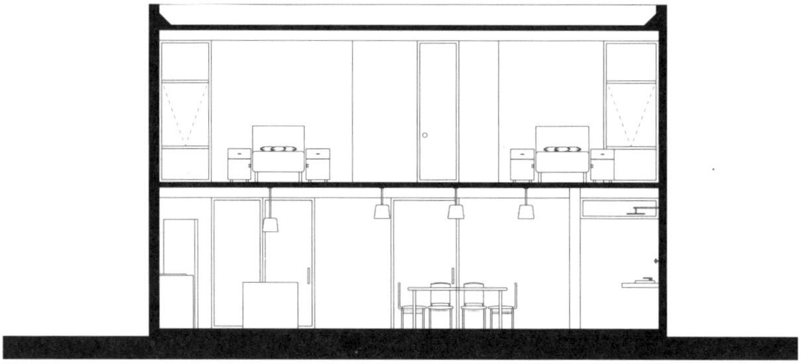

Sección transversal
Transverse section

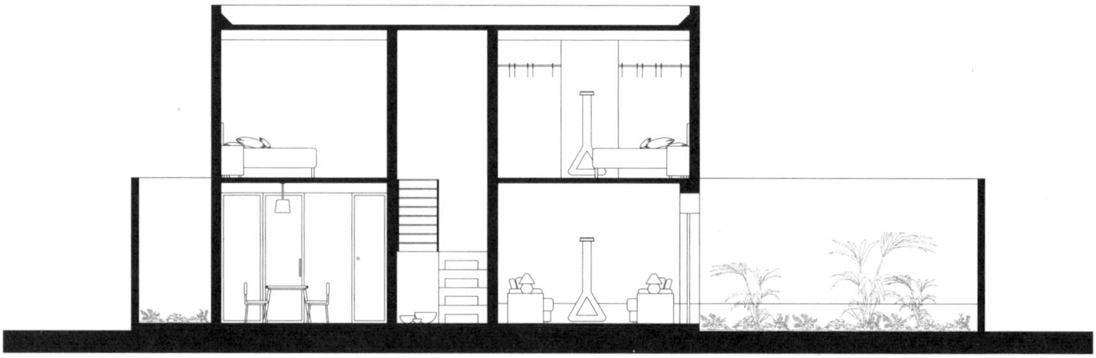

Sección longitudinal
Longitudinal section

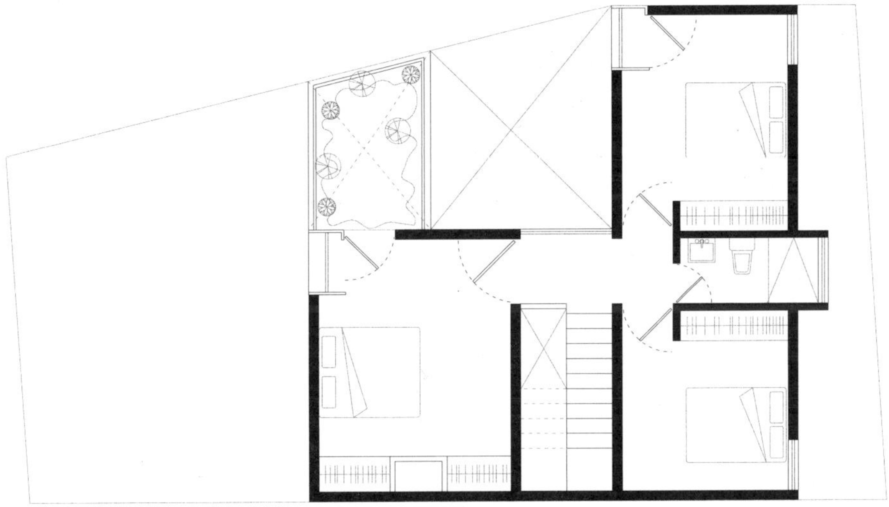

Planta alta
Upper floor plan

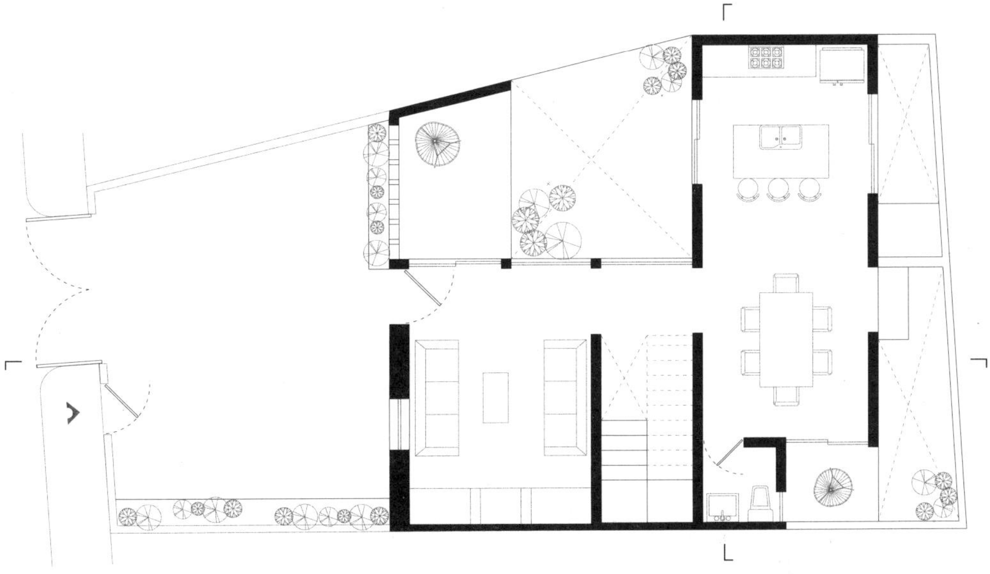

Planta baja
Ground floor plan

Casa Retazo
Retazo House

Tuxtla Gutiérrez, Chiapas
2020
46 m²

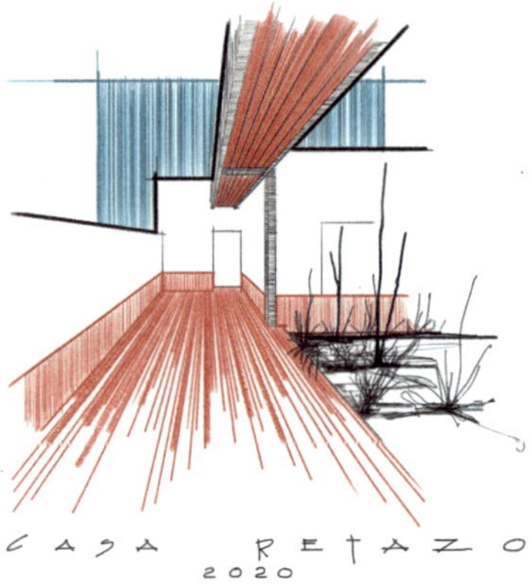

Se han ideado soluciones experimentales para proyectos nuevos, pero rara vez se materializan; y si suceden, se quedan en el limbo del prototipo.

Encontramos una oportunidad para aplicar una de estas ideas. El usuario, antes de ser cliente, deseaba rehabilitar y ampliar su casa. El estudio de sitio y del desenvolvimiento de los habitantes en él nos condujo a dignificar el espacio existente y brindarle versatilidad y amplitud visual.

Destinada a una familia muy trabajadora, Casa Retazo disponía de un predio con 6 m de fachada y 18 m de fondo, y un presupuesto limitado que suscitó retos creativos importantes. El análisis del contexto permitió depurar elementos que implicaban sobrecostos para usar los recursos disponibles de manera eficiente y obtener certeza y flexibilidad, dos características esenciales para este proyecto.

El programa se desarrolla en una sola planta con estrategias bioclimáticas activas y pasivas. Gracias a la transparencia, cualidad que hoy implica seguridad, toda persona que se pare al frente de la casa puede ser observada desde adentro. La cochera se transforma en una terraza familiar y vecinal.

Un plafón de madera funciona como aislante térmico para reducir la incidencia solar en la zona social y maximizar el aprovechamiento de los vientos dominantes en constante circulación, debido a la disposición de norte a sur de las ventanas.

Experimental solutions for new projects exist, but they rarely materialize; and when they do happen, they remain in limbo as a prototype.

We found an opportunity to apply one of these ideas. The user, before becoming a client, wanted to renovate and extend a house. The site analysis and a study of the inhabitants led us to dignify the existing space and offer versatility and a sense of spaciousness.

Designed for a hardworking family with a small budget, Retazo House was built on a plot with a front of 6 meters and a depth of 18 meters. These parameters required an extremely creative response. The analysis of the local area allowed us to eliminate some elements that would have increased costs, and to use the available resources efficiently and with certainty and flexibility, two key aspects of this project.

The program is developed on a single level with active and passive bioclimatic design strategies. Thanks to the transparency, a quality that today implies security, anyone standing in front of the house can be seen from inside. The garage can become a terrace for use by the family and as a place to meet with neighbors. A wooden ceiling provides thermal insulation in the living area and maximizes the benefits of the prevailing breezes, thanks to the windows' north-south orientation.

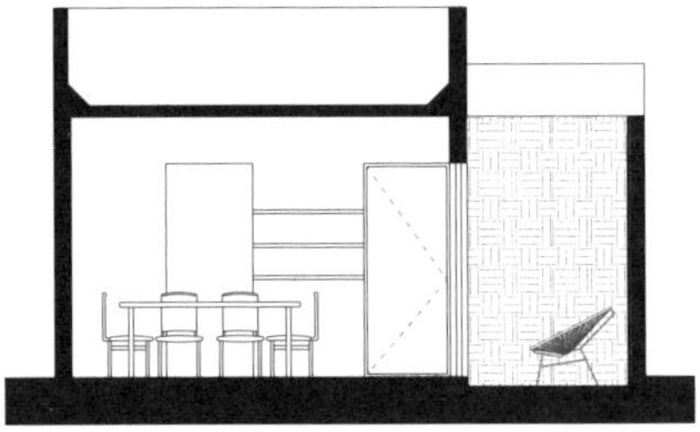

Sección transversal
Transverse section

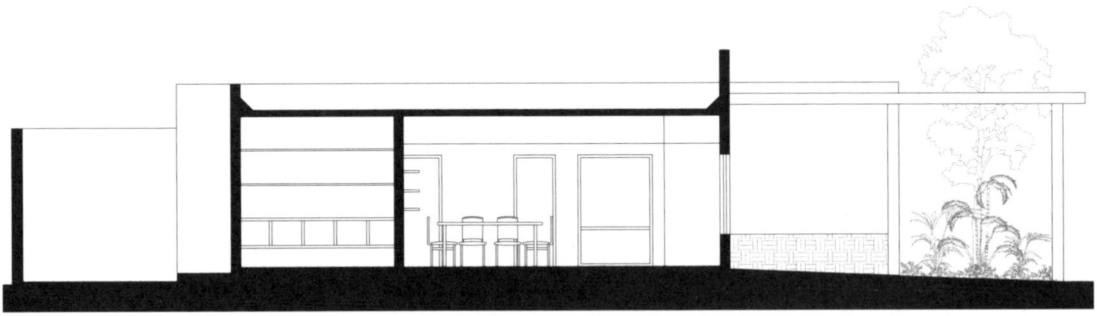

Sección longitudinal
Longitudinal section

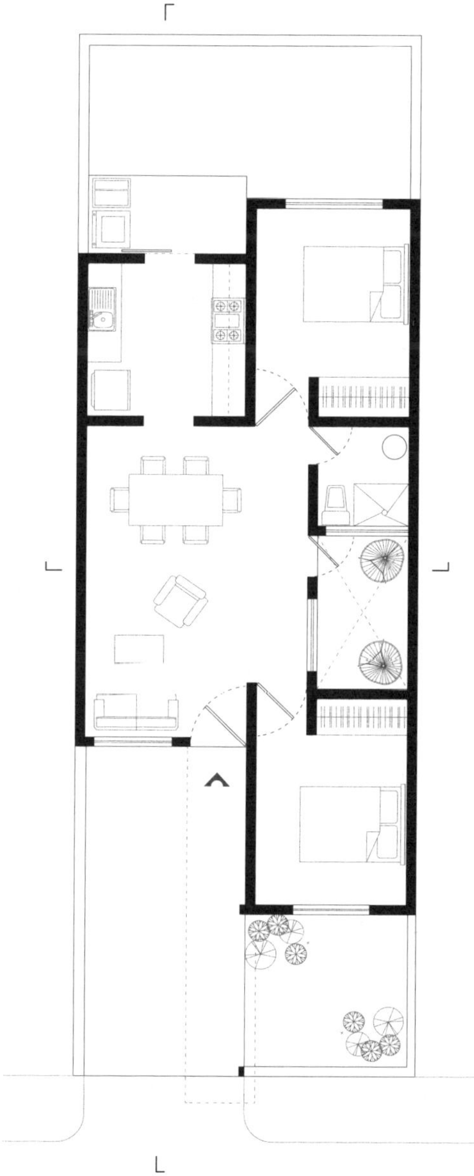

Planta
Floor plan

Oficinas PP
PP Offices

Tuxtla Gutiérrez, Chiapas
2020
288 m²

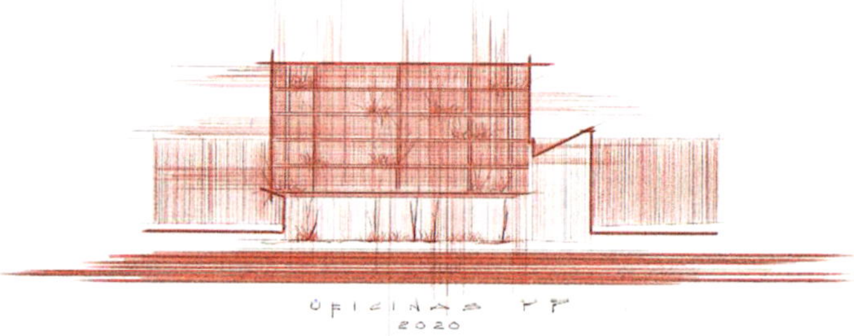

Correlacionarse e interactuar en armonía en el medio laboral es una búsqueda constante en cualquier oficina. Contar con un organigrama facilita la distribución del programa, mas no hace énfasis en el bienestar físico y mental los colaboradores. Por esta razón mantuvimos una comunicación permanente con los usuarios, para conocer sus necesidades y desarrollo personal y social en las nuevas instalaciones de esta empresa.

Las oficinas se hicieron en las antiguas bodegas de la empresa que contenían espacios divididos con muros de carga elementales y no paredes perimetrales que soportan una nave estructural.

El programa arquitectónico parecía llenar cada metro cuadrado. El reto más grande fue crear lugares de trabajo más amenos que los módulos tradicionales. Propusimos vacíos y áreas verdes como pulmones que forman parte del recorrido entre zonas. La vegetación, contenida por una piel permeable de acero oxidado, también se adaptó en marquesinas hacia la calle como amortiguamiento térmico de la fachada principal, orientada al sur.

Los pasillos metálicos con barandales semitransparentes y los muros empastados con colores neutros dan un aspecto sobrio y se conjugan con los otros materiales y la vegetación.

An atmosphere of harmonious interaction in the workplace is the goal of any office. An organizational chart helps distribute programs but does not prioritize workers' physical and mental wellbeing. Therefore, we maintained an ongoing dialogue with the users to find out their personal and social needs and development opportunities in this company's new work space.

The offices were located in the company's former storage facilities which contained spaces divided by load-bearing walls, rather than usual perimeter walls supporting a structural warehouse.

The architectural program seemed to fill every square meter. The greatest challenge was to create more friendly workspaces than the traditional modules. We proposed open areas, and green spaces as lungs to form the circulation between different areas. The vegetation, enclosed by a permeable skin of rusty steel, was adapted in canopies facing the street and acting as a thermal barrier on the main southern façade.

The metal walkways with semi-transparent side handrails and walls plastered in neutral tones create a formal appearance and combine with other materials and vegetation.

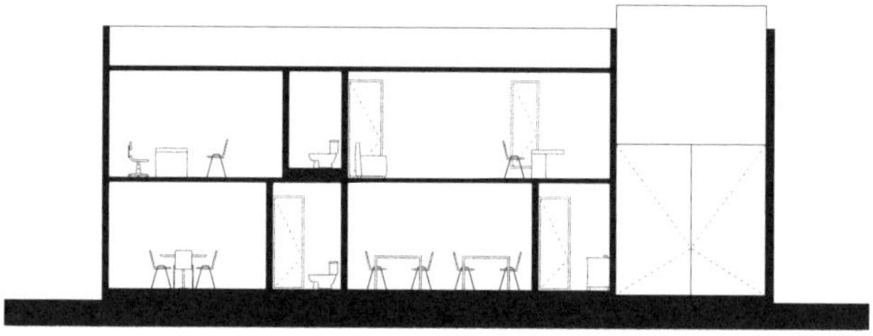

Sección transversal
Transverse section

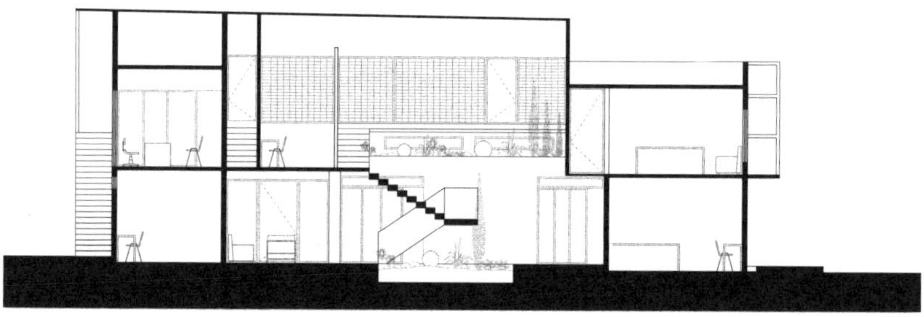

Sección longitudinal
Longitudinal section

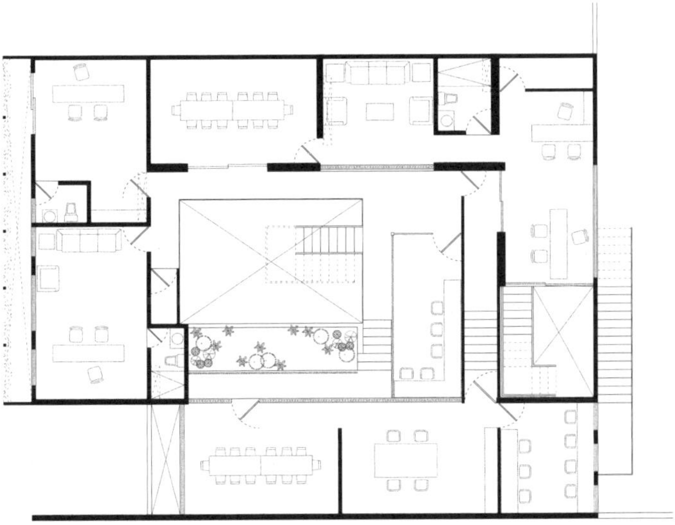

Planta alta
Upper floor plan

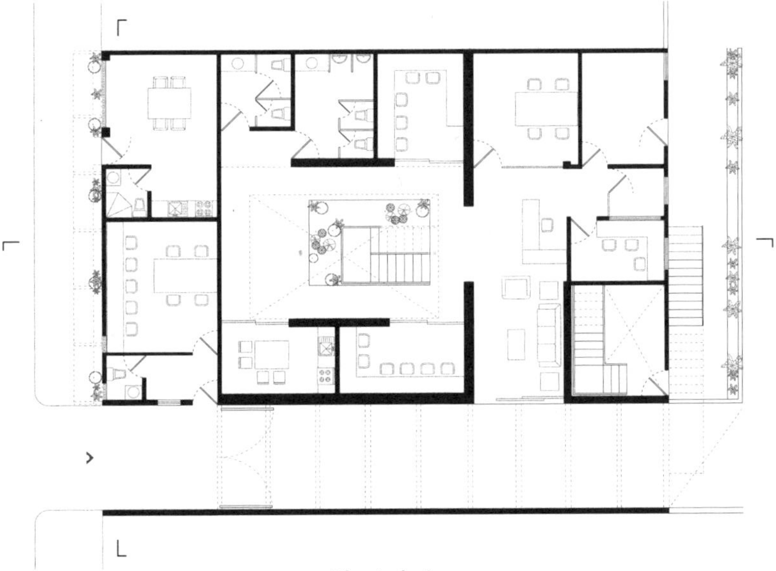

Planta baja
Ground floor plan

Villa Luciérnagas
Luciérnagas Villa

San Cristóbal de las Casas, Chiapas
2021
184 m²

Este proyecto está pensado para ser un alojamiento de alquiler turístico. La prioridad fue establecer una conexión y la reserva de coníferas que colinda con el terreno.

Un módulo hecho de lámina, cercano al acceso, funciona como cochera. Encima se colocaron paneles solares tanto para generar energía eléctrica como para calentar el agua de los baños. Se reutilizó una cisterna de 5 000 l que ahora almacena agua pluvial destinada a regar los jardines y el aseo de los departamentos. Se implementó un biodigestor para el tratamiento de aguas negras para irrigar las áreas verdes laterales.

El angosto recorrido del acceso se interrumpe con los patios de cada departamento, que a su vez funcionan como entrada secundaria.

La mayor parte del programa se resolvió con marcos rígidos de concreto armado y mampostería de block de la región. Sin embargo, frente a la entrada se aprecia un muro de block de tierra compactada, que contiene varillas de 3/8 cada 60 cm dentro de los alveolos del tabique y se confina con cadenas de cerramiento de concreto armado. Los bloques se sujetan con pegamento blanco y se emboquillan o juntean con el polvo que desprenden.

This project is designed as rental accommodation for tourists, prioritizing close contact with the conifer reserve on the adjacent property.

A sheet metal module near the entrance functions as a garage, and solar panels were installed on its roof to generate electricity and heat water. A 5,000-liter cistern was reused to collect rainwater for watering the gardens and cleaning the apartments. A biodigester treats blackwater for irrigating the green areas.

The courtyards of each apartment create breaks along the narrow entrance path, and they also serve as secondary entrances.

Reinforced concrete frames and locally sourced masonry blocks were the main construction materials. However, there is also a rammed earth wall in front of the entrance. This element is reinforced by 3/8-inch rebar inserted through cavities in the brick every 60 centimeters, and girdled by reinforced concrete tie beams. The blocks are bonded using white adhesive, and the joints are pigmented with the brick dust.

MACAO

Sección transversal
Transverse section

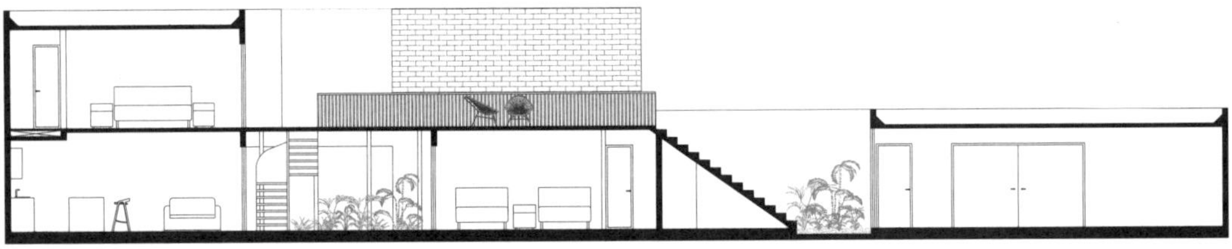

Sección longitudinal
Longitudinal section

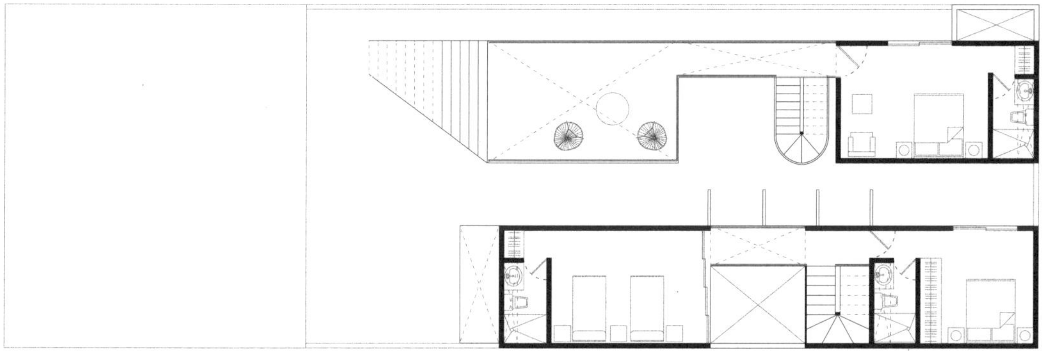

Planta alta
Upper floor plan

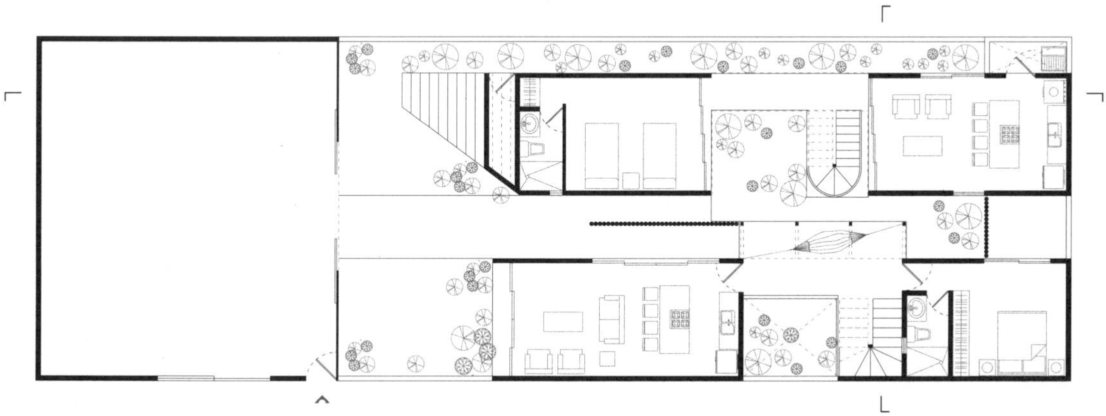

Planta baja
Ground floor plan

Casa Patricia
Patricia House

Tuxtla Gutiérrez, Chiapas
2021
62 m^2

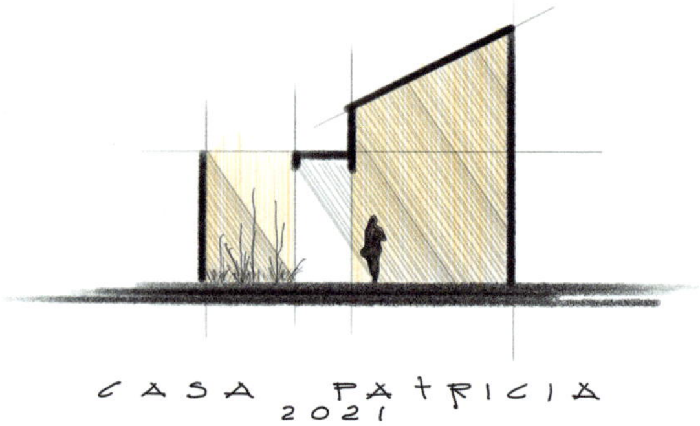

La casa proyectada para la profesora Patricia reduce el mantenimiento que todo hogar necesita y elimina el uso casi obligatorio del aire acondicionado por el clima de la zona. Se demolieron muros preexistentes hasta alcanzar el equilibrio entre luz solar moderada y ventilación natural cruzada. Los elementos estructurales se expusieron y semiempastaron con morteros pigmentados para evitar el uso de pinturas y el cuidado que implican. Una nave de doble altura desde el acceso hasta el primer ventanal alberga el área social. Tres patios funcionan como pulmones y uno de ellos se considera para una futura ampliación.

En superficies tan reducidas se pueden crear espacios multifuncionales: la cochera es también el área de servicio y se transforma en una terraza, tanto para descanso como para esparcimiento.

Debido a la inflación, el costo de los materiales reformó las estrategias en la paleta para la construcción. Se utilizaron paneles de madera de pino para el portón previamente quemados con soplete para cristalizarlos y darles alta durabilidad a la intemperie, aplanados que no requieren pintura, acero ligero en la cancelería y adoquinado en block adquirido como sobrante para el patio de servicio.

The house designed for the teacher Patricia minimizes the usual maintenance of a house and does not require the installation of air-conditioners, whose use is practically obligatory in this area. The existing walls were demolished to achieve a balance between regulated sunlight and cross ventilation. The structural elements were left exposed and semi-rendered with pigmented mortar to eliminate the need for paint and its maintenance. The main living area is a double-height space that stretches from the entrance to the first large window. Three courtyards act as lungs, one of which is planned for future extension.

In such small areas, it is possible to create multi-purpose spaces: the garage doubles as a service area, transformed into a terrace, making it an ideal space for relaxation and games.

The choice of building materials was altered due to the effect of inflation. Flame treated pine boards were used for the garage door to protect the wood from the elements; plaster were chosen to avoid the need for paint; lightweight steel was used for the window and door frames; and leftover block was reused to pave the service courtyard.

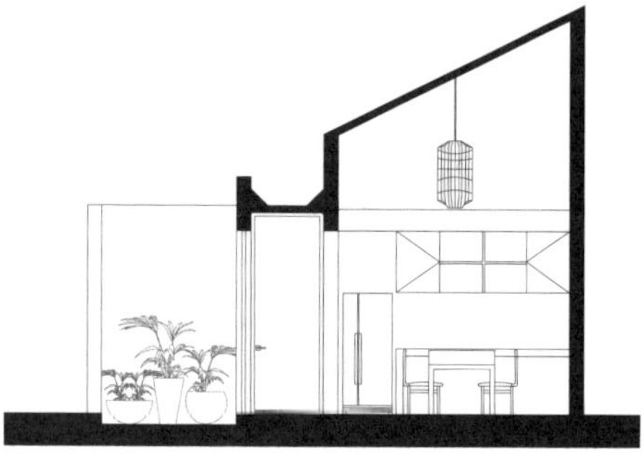

Sección transversal
Transverse section

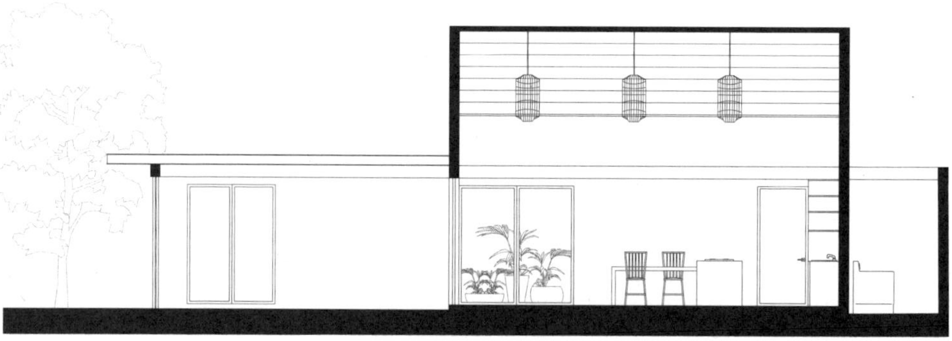

Sección longitudinal
Longitudinal section

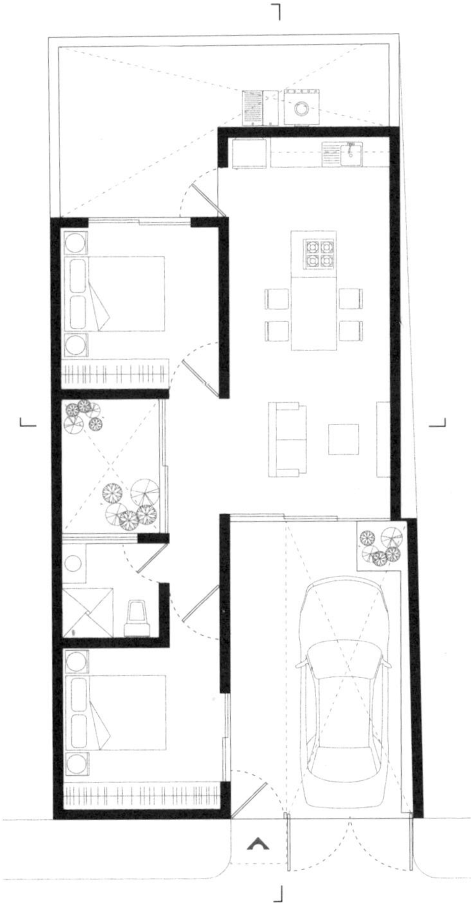

Planta
Floor plan

Capilla La Escondida
La Escondida Chapel

Villaflores, Chiapas
2021
78 m²

Este proyecto de carácter religioso busca facilitar la conexión íntima y espiritual del usuario y servir a la comunidad. Enfoca su función en la conmemoración, lo que requiere un concepto versátil y plásticamente simple. La orientación vertical del espacio prioriza la experiencia individual y da protagonismo a la relación mística que el recinto propicia.

La capilla forma parte de las instalaciones del complejo hotelero La Escondida, ubicado en La Garza, una zona dedicada en su mayoría a la agronomía. Un recorrido peatonal de 500 m para acceder brinda una sensación de privacidad y concentración gracias al silencio y la distancia: está a la vista, pero no a la mano.

Con la intención de reducir el mantenimiento, los muros se separan del suelo y se acercan al retablo sin cerrar por completo el perímetro. Un domo de cristal permite el paso de luz y ventilación naturales. Debido a su tono oscuro, el piso es fácil de limpiar y no necesita tratamiento.

This religious project is designed to improve personal and spiritual connections for individual users and to serve the community. With remembrance as its core purpose, the building needed to be versatile and simple in its materials. The space's verticality prioritizes the individual experience and highlights the sense of mystique created by the complex.

The chapel is part of the installations of La Escondida, a hotel complex located in La Garza, a predominantly rural area. Visitors can find a space for quiet, private contemplation in this secluded spot thanks to the silence of its surroundings, at the end of a 500-meter-long path. The building can be seen, but only from afar.

To reduce maintenance, the walls do not touch the ground and converge toward the altar without completely enclosing the perimeter. A glass skylight provides natural light and ventilation. The dark color of the floor makes it easy to clean and requires no special finishes.

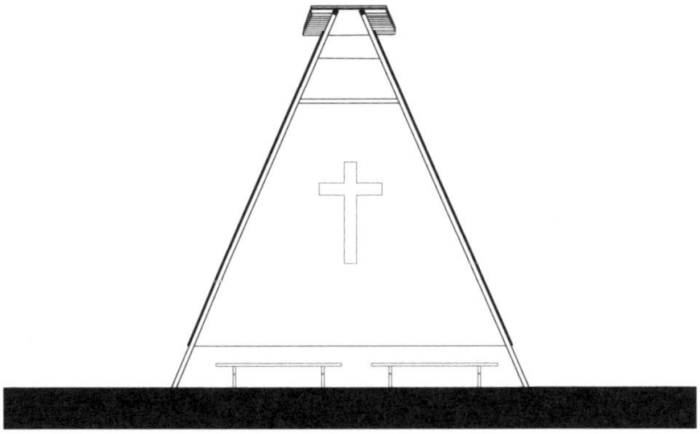

Sección transversal
Transverse section

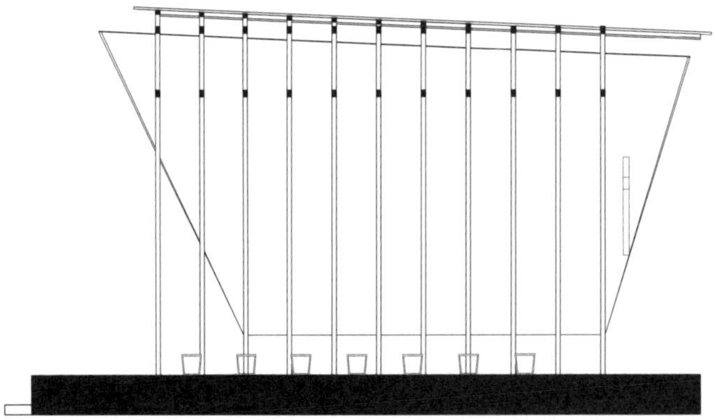

Sección longitudinal
Longitudinal section

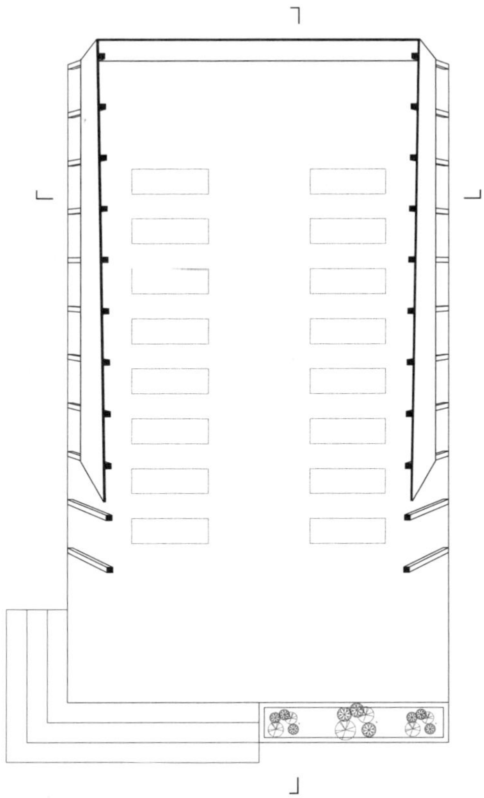

Planta
Floor plan

Casa Cumbres
Cumbres House

Monterrey, Nuevo León
2021
220 m^2

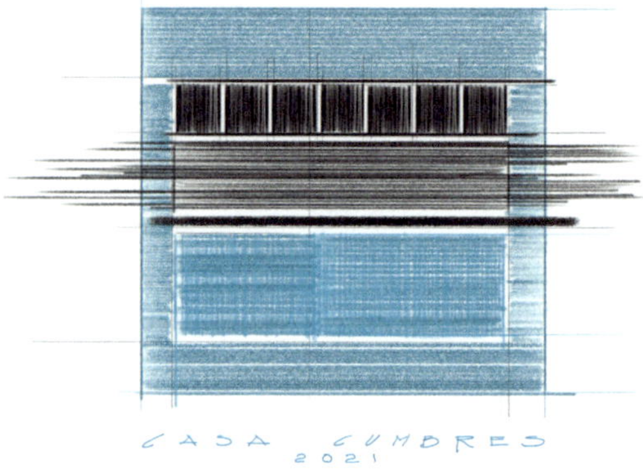

En un terreno de 8 × 15 m, el proyecto se desarrolla con los materiales de la zona a partir de la honestidad constructiva: con una iniciativa franca de introspección, sin limitar las vistas a la topografía distintiva del sitio. La prioridad era la factibilidad de la propuesta, tomando en cuenta el presupuesto de los clientes. Por lo regular, al revisar la relación entre costo y beneficio en la adaptación de una obra, la solución implica poca intervención, pero ofrece un impacto claro y benéfico en el entorno natural. En la Casa Cumbres se obtuvieron resultados interesantes. Al dejar expuestos los procesos constructivos, evitamos sobrecostos y declaramos la configuración formal y estructural de la vivienda.

La fachada responde a la necesidad de habitar desde el interior, fortalecer la seguridad civil y captar iluminación natural sin absorber una intensa incidencia calórica. La materialidad aparente no deja de lado el énfasis en la percepción de amplitud y descanso visual generados por el patio y la doble altura en el centro de la casa.

El referente constructivo es la composición de los muros exteriores: bloques de concreto, comunes en Monterrey y sus alrededores, conforman paredes angostas con alvéolos internos en los que se inserta el armado de acero y se vacía la mezcla. Podemos decir que los muros están integralmente armados y eso nos da la libertad de alejarnos del traslape común de los bloques de mortero.

On an 8 by 14 meter site, this project uses local materials to create an honest structure: unapologetically introspective and without limiting views of the area's distinctive topography. The proposal's feasibility was paramount, working within the clients' budget. When considering the cost-benefit ratio during the adaptation of a project, the solution usually does not require extensive intervention, but has a clear and positive impact on the natural environment. Cumbres House produced interesting results. By leaving structural elements exposed, we kept costs down and left the form and structure of the house plainly visible.

The façade responds to the need for indoor living, improving security, and bringing in natural light but without solar gain. The exposed materials do not diminish the sense of spaciousness and calming views created by the courtyard and the double-height space in the center of the house.

The structure stands out for the composition of its exterior walls: concrete blocks, a common building material in and around Monterrey, create narrow walls with internal cavities for inserting steel rebar and pouring in mortar. This means that the walls are fully reinforced while also allowing us to avoid the usual overlapping pattern required when building with cement blocks.

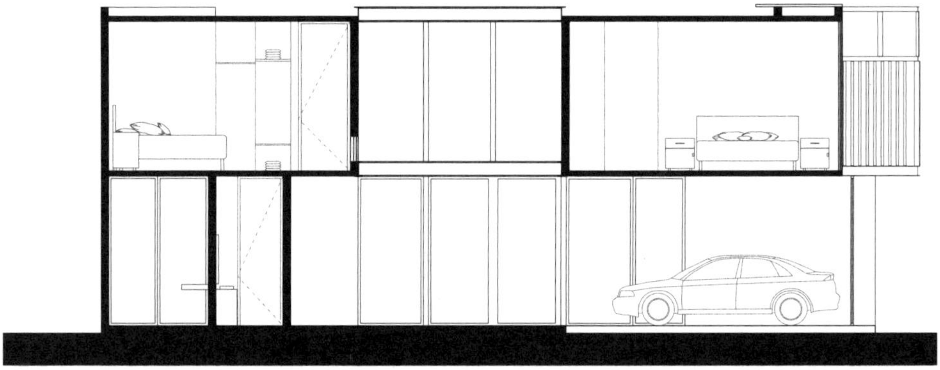

Sección
Section

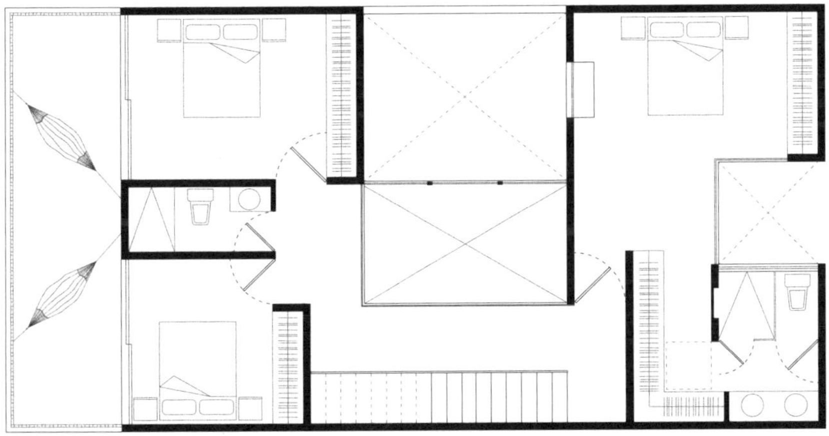

Planta alta
Upper floor plan

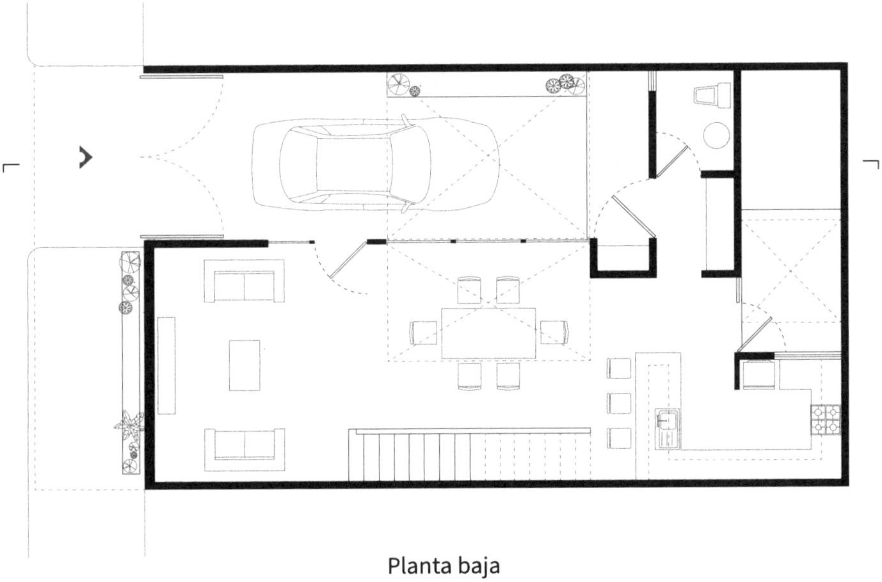

Planta baja
Ground floor plan

Casa Manantial
Manantial House

Tuxtla Gutiérrez, Chiapas
2023
119 m²

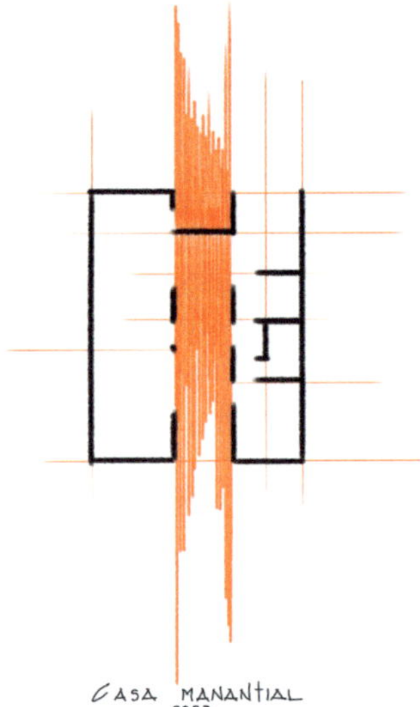

En un terreno de 10 × 20 m se organiza un programa de un solo nivel con tres recámaras, dos baños, una estancia, una cocina integral, un patio de servicio y una cochera.

El presupuesto exigía una estrategia constructiva sencilla, rápida y de bajo costo, que redujera el mantenimiento futuro. Los muros de block soportan una cubierta interna de Domotej —estrategia de autoconstrucción, diseñada por Gabriel Castañeda, cuya patente fue donada a la Universidad Autónoma de Chiapas—, y se comportan como un cono de absorción y distribución de luz y viento desde el centro hacia las zonas habitables para lograr un confort térmico óptimo. La vivienda se abre y se cierra mediante canceles y paneles, con vistas hacia jardines endémicos desde cada área.

Se implementaron estrategias bioclimáticas pasivas, como la orientación hacia el corredor central con ventilación cruzada y luz natural sin radiación solar directa, y activas, como la cubierta de Domotej, la captación de aguas pluviales y la reorientación de los escurrimientos del manto freático en la parte posterior.

La placa de desplante en concreto armado da arranque a los castillos, que se ahogan en los alveolos del block. El único concreto armado expuesto es la cadena de cerramiento superior, en la que descansan los montenes mangueteados que soportan la cubierta.

Con elementos constructivos expuestos y una naturaleza introspectiva manifiesta en sus paramentos, la luz natural es la protagonista del proyecto.

On a plot measuring 10 by 20 meters, this residence's single-level program contains three bedrooms, two bathrooms, a living room, a built-in kitchen, a utility courtyard, and a garage.

The budget called for a simple, quick, and inexpensive construction strategy that would not require high maintenance. Cement block walls support an internal Domotej —a self-building strategy designed by Gabriel Castañeda, whose patent was donated to the Autonomous University of Chiapas— roof, and act as a cone to absorb and distribute light and airflow from the center to the living areas for optimal thermal conditions. The home opens and closes through sliding doors and partitions with views from every area onto the gardens, which are planted with endemic species.

Passive bioclimatic strategies ensures the project meets sustainability criteria. For example, the orientation toward the central corridor uses cross-ventilation and natural light while avoiding direct solar gain. Active systems include the Domotej roof, rainwater collection, and redirecting water run-off to the rear.

The columns are sunk into the cement block and rise from the reinforced concrete placa de desplante. The only exposed reinforced concrete is the upper stem wall, which supports the montenes mangueteados that hold up the roof.

With its exposed structural elements and contemplative nature is announced in its surfaces, natural light is the protagonist for this project.

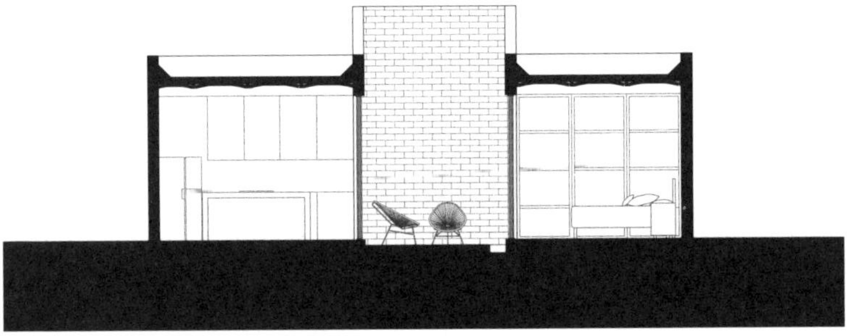

Sección transversal
Transverse section

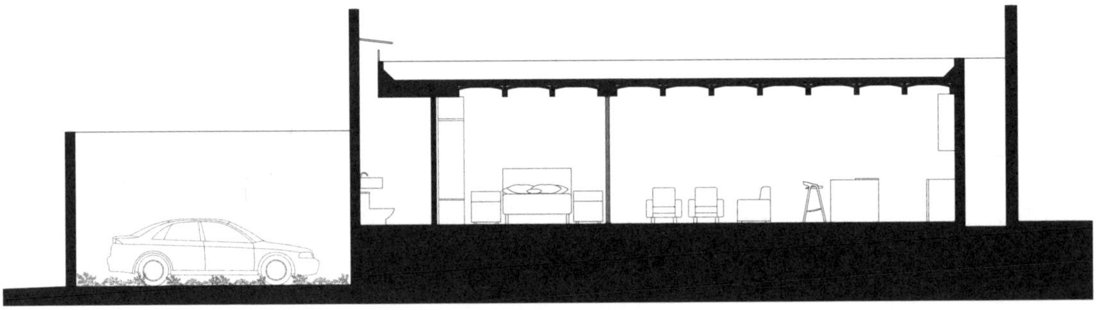

Sección longitudinal
Longitudinal section

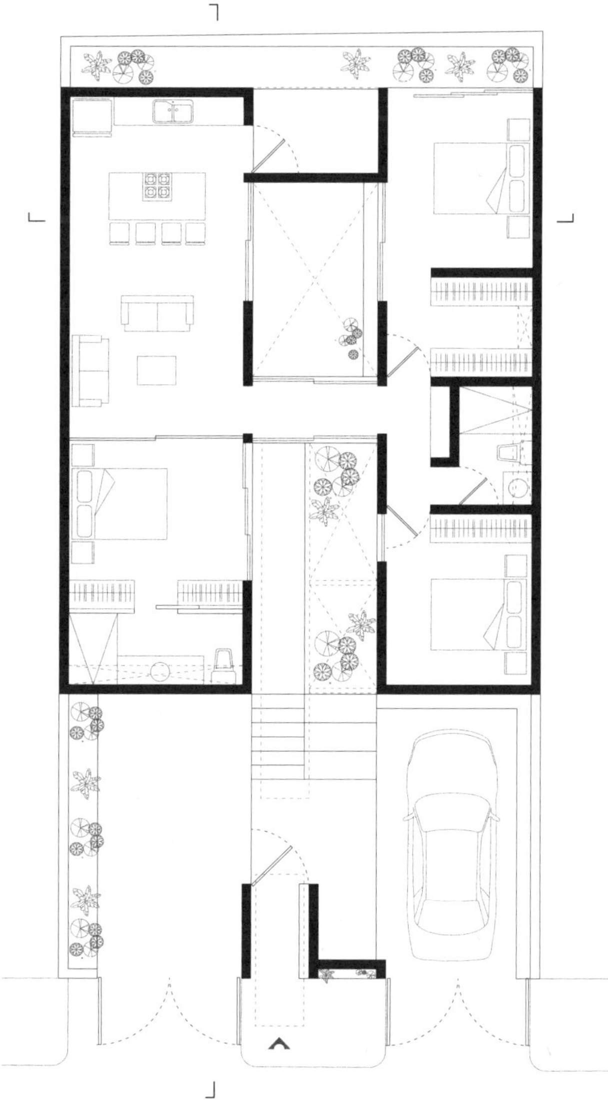

Planta

Floor plan

Equipo
Team

Dirección general | *Director*
Luis Armando Gómez Solórzano

Jefe de proyectos | *Project Manager*
Emmanuel Coutiño Netro

Coordinadores de proyectos | *Project coordinators*
Victor Ernesto López Cordero
Lázaro Zárate Pozo
Dulce María Miranda Díaz
Omar García Román

Proyectos | *Projects*
Julio A. Ramos Peto
Daniel Terán Orozco
Ana Escobar Rodríguez
Dorian Robles

Visualización | *Visualization*
Carlos Mario Pereyra
Ismael Alejandro Ramírez Rojas
Walter Aguilar Vázquez

Maquetas | *Models*
Roberto Hernandez Morales
Juan Alberto Alegría
Alumnos del Tecnológico Atlacomulco
Amaribi del Rocío
Daniel Alvarez

Ingeniería de costos | *Cost engineering*
Walter Hugo Flores

Administración | *Administration*
Xóchitl A. López Trujillo

Tesorería | *Treasury*
Cruz Marina Solórzano

Contabilidad | *Accounting*
María del Carmen Gómez Rosales

Difusión | *Promotion*
Carlos Berdejo Mandujano
Paulina Benítez

Colaboradores
Collaborators

Proyectos | *Projects*
Simetría Estudio de Arquitectura
Walter Flores Taller
Alumnos de Arquitectura Avanzada
Sergio Bravo
Carmelina & Aurelio
Edgardo Esquiliano
Mario Esquiliano
ALZ Concretos
Valdez Arquitectos

Diseño de iluminación | *Lighting*
Guillermo Guzmán
Emmanuel Pérez Gómez
Edgar Campos

Diseño de paisaje | *Landscape design*
Miguel Ávila
Dulce María Miranda Díaz

Fotografía | *Photography*
Carlos Berdejo Mandujano
César Béjar
Jaime Navarro

Costos | *Costs*
Verónica Mena

Diseño estructural | *Structural design*
Roque Armando Guillén
Alejandro Coello
Luis Iván Trinidad Trujillo

Eléctrica | *Electric*
Erick Aguilar

Hidrología | *Hydrology*
Romeo Palacios

Construcción | *Contruction*
Moisés García
Armando Gómez
Cruz Marina Solórzano
Valdez Arquitectos
Sergio Bravo
Juan Manuel Reyna T.
Esquiliano Arquitectos

Difusión | *Promotion*
Archdifusión
Benjamín Molina
Paulina Benítez

Patrocinadores | *Sponsors*
ALZ Concretos
Interceramic

Identidad visual | *Branding*
Decálogo

Web
Adalberto Mundo

Premios y concursos
Awards and competitions

Mención honorífica | *Honorable mention*
IX Bienal de Arquitectura de Chiapas
2015, México

Segundo lugar | *Second place*
IDA Design Awards
2015, Estados Unidos

Medalla de plata | *Silver medal*
XIV Bienal Nacional de Arquitectura Mexicana
2016, México

Dos Menciones honoríficas | *Two Honorable mentions*
X Bienal de Arquitectura de Chiapas
2017, México

Medalla de plata | *Silver medal*
X Bienal de Arquitectura de Chiapas
2017, México

Medalla de plata | *Silver medal*
II Bienal de Jóvenes Arquitectos
2017, México

Primer lugar | *First place*
Premio Interceramic
2017, México

Primer lugar | *First place*
Concurso Arquine Pabellón del Agua
2018, México

Medalla de plata | *Silver medal*
IDA International Design Awards
2018, Estados Unidos

Medalla de plata | *Silver medal*
XI Bienal de Arquitectura en Chiapas
2019, México

Tercer lugar | *Third place*
Premio Obras CEMEX
2019, México

Tercer lugar | *Third place*
Premio Nacional del AAI
2019, México

Segundo lugar | *Second place*
City Brand & Tourism Landscape Award
2019, Italia

Medalla de plata | *Silver medal*
III Bienal Nacional de Jóvenes Arquitectos
2019, México

Mención honorífica | *Honorable mention*
LOOP Design Awards
2020, Portugal

Medalla de plata | *Silver medal*
MUSE Design Awards
2021, Estados Unidos

Tres Medallas de plata | *Three Silver medals*
XII Bienal de Arquitectura de Chiapas
2021, México

Tres Menciones honoríficas | *Three Honorable mentions*
XII Bienal de Arquitectura de Chiapas
2021, México

Tercer lugar | *Third place*
Premio Obras CEMEX
2022, México

Primer lugar | *First place*
Premio Interceramic
2022, México

Primer lugar | *First place*
Obra del Año - Revista Obras
2023, México

Nominación | *Nomination*
Brick Award
2024, Austria

People's Choice
AZ Awards
2024, Canada

Publicaciones
Publications

XV Bienal Nacional e Internacional de Arquitectura Mexicana
2016 - 2018

Bienal Nacional de Arquitectura
2016, 2018, 2020, 2022

Premio Obras CEMEX
2017, 2019

Revista *arquiTK* 102
2017

Revista *Arquine* 84
2018

Häuser für alle. Wohnungsbau in Mexiko
2019

Revista *Glocal* digital
2019

XVI Bienal Nacional de Arquitectura Mexicana
2019 - 2020

Lo mejor del siglo XXI Arquitecturas Mexicanas
2019 - 2020

Revista *CACHAC*
2020

Revista *Topscape* 39
2020

100 mejores casas de Latinoamérica
2020

ColorTrend COMEX
2020

Lo mejor del siglo XXI Arquitecturas Mexicanas
2021 - 2022

Revista *Trama Arquitectura + Diseño* 150
2021

Revista *Mini Building* 10
2021

"Top 10 despachos de arquitectura" Revista *Obras* de Grupo Expansión
2021

Compendio *COMEX ColorLife*
2022, 2023

Brick Awards
2024

Agradecimientos
Acknowledgements

Siempre he tenido la idea de que la arquitectura es muy humanista, no solo por hacia quién va enfocada, sino por la procedencia de la autoría.

Cuando entramos a un concurso arquitectónico, por ejemplo, a todos los participantes nos proporcionan lo mismo: la ubicación de un terreno y sus características, un programa, a quién estará dirigido, y en ocasiones hasta un presupuesto. El día de la entrega, sin embargo, cada proyecto es diferente en casi todos los sentidos. Esto se debe a la manera de pensar y conceptualizar de cada estudio, por lo que reafirmo que la autoría intelectual de un proyecto radica no solo en los factores de la encomienda, sino que también depende de la experiencia vivencial de su autor. ¿Qué ha vivido? ¿A dónde ha viajado?

Cuando cursaba el tercer semestre de la universidad, hice una retrospección para evaluar si realmente estaba estudiando la carrera que soñaba. Observaba cierta monotonía en los procesos de diseño, y solo eras bien calificado si te acoplabas a un estilo Californiano - Toscano, o al Tardomoderno con marcos blancos y vidrios en tintes verdes. Me sentía tan frustrado que realmente consideré cambiarme a diseño industrial.

Por lo tanto, aquí comienzan mis agradecimientos: Primero, a la tarea que me asignó el Dr. Fredy Ovando. El encargo fue investigar la Casa Malaparte, la cual juraba que no era una casa, y mi sorpresa fue positiva. También a esa frase, "Felicidades, a partir de este momento están en la lista de desempleados" del Dr. Sergio Farrera. Al "Aprende más procesos constructivos y serás mejor proyectista" del Mto. Gustavo Acuña. Al "No existen proyectos malos, pero sí conceptos deficientes" del Dr. Joel Olivares. Al "La honestidad abre muchas puertas" de mis padres. Al "No dejes de leer teoría de arquitectura y no dejes de enseñarla" del Mto. Roberto Lucero. Al "Siempre sé transparente con tus clientes desde el inicio" de Emilio González. Al "Mi papá hace restaurantes bien ricos" de Miranda y Santiago. A la paciencia y compromiso de los Apaloosos. A los clientes que confían y nos retan, a nuestros patrocinadores. A ALZ, que confían en nosotros y seguimos juntos en otros proyectos. A Miquel y compañía, por ayudarnos a documentar esta primera temporada de 10 años haciendo lo que tanto nos apasiona.

I've always felt that architecture is very humanistic, not only in terms of who it's for, but also on account of its authors' origins.

When we enter an architectural competition, for example, all participants are asked for the same information about the project: the site's location and characteristics, a program, the user, and sometimes even a budget. When delivered, however, each work is different in almost every way.

This is the result of each studio's conceptual approach, which is why I believe that ideas behind projects come not only from the brief but also from architects' experience. What lives have they led? Where have they traveled to?

When I was in my third semester of university, I took a step back and asked myself whether I was really studying the program of my dreams. I sensed a certain monotony in the design processes, and felt that you were only properly qualified by conforming to a Californian-Tuscan style or a Late Modernist use of white frames and green-tinted glass. I was so frustrated that I genuinely considered switching to industrial design.

Therefore, let me start my acknowledgements here: First, I am indebted to Fredy Ovando for the assignment to study Casa Malaparte, a construction I swore was not a house, leading to a pleasant surprise. To Sergio Farrera for his message: "Congratulations, you're now officially unemployed." To Gustavo Acuña: "Learn more structural processes and you will be a better structural designer/planner." To Joel Olivares: "There's no such thing as a bad project, only bad ideas." To my parents: "Honesty opens many doors." To Roberto Lucero: "Don't stop reading architectural theory, and don't stop teaching it." To Emilio González: "Always be transparent with your clients from the start." To Miranda and Santiago: "My dad makes really tasty restaurants." To all the Apaloosos for their patience and dedication. To the clients who trust and challenge us, to our sponsors. To ALZ, who trust in us and continue to work with us on other projects. To Miquel and company, for helping us to document our first decade of doing what we love so much.

Este libro se terminó de imprimir y encuadernar
en octubre de 2024 en los talleres de Artes Gráficas
Panorama, en la Ciudad de México. Fue impreso
en papel Bond de 120 g. Para su composición se
utilizaron fuentes de la familia tipográfica Source
Sans 3 y Athelas. El tiraje consta de 1,500 ejemplares.

*This book was printed and bound in October 2024
by Artes Gráficas Panorama in Mexico City. It was
printed on 120 g Bond paper and set in Source Sans 3
and Athelas typefaces. The print run
was 1, 500 copies.*